1
January
New Start
KB251452

Save for a rainy day
만일을 위해 모으다

비슷한 말

- **Put money aside**
  돈을 따로 모아 두다
- **Plan for the future**
  미래를 계획하다
- **Rainy day fund**
  비상금

Should I spend all my birthday money now?
생일 용돈 바로 다 쓸까?

Save some **for a rainy day**.
만일을 위해 모아 두는 게 좋아.

어디에서 온 말?

16세기 농부들이 밭일을 못 하는 비 오는 날에 쓰려고 미리 돈을 모아 두 었던 데에서 생긴 표현이에요. 평소 조금씩 저축해 두면 혹시 있을 어려 운 상황에도 대비할 수 있어요.

추천하는 글

한국에서 아이를 키우는 아빠로서, 이 일력이 영어를 친근하고 재미있게 해 주는 점이 정말 마음에 듭니다. 예시가 명확하고 톤은 다정하며, 아이들의 호기심을 불러일으킵니다. 연령대에 꼭 맞으면서도 아이들을 낮춰 보지 않고, 영어를 배우는 많은 부모님께도 큰 도움이 됩니다. 집에서도, 교실에서도 함께 읽기에 안성맞춤입니다. 어린 학습자들은 물론 그 너머의 독자들과도 이 일력을 나눌 생각에 진심으로 설렙니다.

– 피터 빈트

김 원장's 관용어 365

펴낸날 초판 1쇄 2026년 1월 16일

글쓴이 김수민

그린이 김민주

감수 피터 빈트

펴낸이 이주애, 홍영완

편집장 최혜리

윌북주니어 도건홍, 한수정, 이은일

편집 박효주, 홍은비, 강민우, 안형욱, 김혜원, 최서영, 송현근, 이소연

디자인 박정원, 기조숙, 김주연, 윤소정, 박소현

홍보마케팅 박영채, 김태윤, 김준영, 백지혜

콘텐츠 양혜영, 이태은, 조유진

해외기획 정수림

경영지원 박소현

펴낸곳 (주)윌북 **출판등록** 제2006–000017호

주소 서울특별시 마포구 동교로19길 28(서교동 448–9)

전화 02–323–3777 **팩스** 02–323–3778

홈페이지 willbookspub.com

블로그 blog.naver.com/willbooks

트위터 @onwillbooks

인스타그램 @willbooks_pub | @willbooks_jr

ⓒ 김수민, 김민주

ISBN 979–11–5581–882-4 (10740)

✛ 값은 커버 뒤에 있습니다.

✛ 파본은 구입하신 서점에서 바꿔 드립니다.

✛ 이 일력은 저작권법에 의하여 보호를 받는 저작물이므로 무단 전재와 복제를 금합니다.

✛ 일력의 내용은 저작권자의 허가 없이 AI 트레이닝에 사용할 수 없습니다.

윌북주니어는
윌북의 어린이책 브랜드입니다

어린이 독자 여러분, 영어에는 정말 흥미진진한 이야기들이 가득하다는 사실, 알고 있나요? 이토록 재미난 영어의 세계에서 여러분과 꼭 함께하고 싶은 세상이 있답니다. 바로 '관용어의 세계'예요.

여러분과 함께 관용어의 세계를 탐험하기 전, 많은 생각을 했어요.

어떻게 하면 영어가 지루하거나 어렵지 않고 재미있을지, 어떻게 하면 날마다 보고 싶은 콘텐츠가 될 수 있을지 고민했거든요. 그 고민의 결과가 바로 이 일력이에요. 페이지, 페이지마다 볼수록 궁금하고 깜짝 놀랄 이야기를 풍부하게 소개하고자 했답니다.

1년 동안 꾸준히 하나씩 익히는 관용어들은 달마다 특별한 주제로 묶어 한 편의 이야기처럼 자연스럽게 즐길 수 있도록 꾸몄어요. 여러분이 아침에 눈을 뜨면서 '오늘은 어떤 재미있는 표현을 만날까?' 기대하는 그런

작 가 소 개

글 **김수민**

초중고 학생들을 가르쳐 온 20년 경력의 영어 교육 전문가.
이화여자대학교와 뉴욕주립대학교 FIT에서 학사, 숙명여자대학교에서 TESOL 석사 과정을 마쳤으며, 분당 지역에서 15년간 영어 학원을 운영했습니다. 아이들이 쉽고 재미있게 배울 수 있는 영어 교육 콘텐츠를 끊임없이 연구하며 개발하고 있습니다.

유튜브 youtube.com/@kimwonjang11
네이버 카페 https://cafe.naver.com/kimwonjang11
케어스쿨 kimwonjang.co.kr
인스타그램 instagram.com/kimwonjang11

그림 **김민주 (깜몽이)**

하늘다람쥐 깜몽이와 귀여운 동물 캐릭터들이 나오는 인스타 툰, 이모티콘으로 대중에게 사랑받고 있습니다. 수많은 기업과 인기 캐릭터 상품 협업을 진행했으며 지금도 일상에서 공감할 수 있는 다양한 이야깃거리를 귀여운 캐릭터로 풀며 많은 분과 소통하고 있습니다.

인스타그램 instagram.com/pocco_gk

일력이 되었으면 하는 바람을 담았답니다.

　소개하는 관용어들은 1월 새해의 결심부터 12월 한 해 마무리까지 다양한 상황에서 만날 수 있는 표현들이에요. 단순히 외우는 것이 아니라 실제 상황에서 어떻게 쓰이는지 자연스럽게 익힐 수 있어요. 이 일력과 함께 1년이 끝날 때쯤이면 영어 관용어 박사가 되어 있을지도 몰라요. 또 영어가 세상과 소통하는 즐거운 도구임을 깨달을 수 있을 거예요.

　여러분의 영어 학습에 이 일력이 좋은 친구가 되기를 진심으로 바라요. 또 영어의 세계에서 날마다 새로움을 찾을 수 있기 바란답니다. 그럼 지금부터 관용어의 세상으로 함께 들어가 볼까요?

— 김수민

The best is yet to come
최고의 순간은 아직 오지 않았다

비슷한 말

- **Better days ahead**
  더 좋은 날들이 올 거야
- **Bright future**
  밝은 미래
- **Good things coming**
  더 좋은 일들이 온다

어디에서 온 말?

yet은 '아직'이라는 뜻이에요. 지금까지 좋은 일들이 많았어도 앞으로 올 일들이 더욱 멋질 것이라는 희망을 담고 있어요. 연말에 미래에 대한 기대감을 잘 보여 주는 완벽한 표현이랍니다.

관용어는 무엇일까요? 관용어를 처음 만나는 친구들에게 조금 어려울 수 있을 테니 쉽게 이야기해 줄게요.

"It's raining cats and dogs"라는 영어 표현을 들어 본 적 있나요?

글자 그대로 해석하면 "고양이와 개가 비처럼 내린다"라는 뜻이에요. 실제로 대화나 글에서는 "비가 억수로 내린다"라는 뜻으로 쓰이고 있답니다.

"Break a leg"는 '다리를 부러트려라'라는 글자 그대로의 해석과 달리 행운을 빌어 주는 뜻으로 쓰인답니다. 바로 이런 표현들이 '관용어(idiom)'예요. 관용어는 둘 이상의 단어가 만나서 새로운 뜻을 이루는 표현이에요. 각각의 단어 뜻을 모두 안다고 해서 관용어의 의미를 바로 알 수 있는 것은 아니에요. 그래서 더욱 놀랍고 재미있는 거랍니다. 이런 관용어를 알면 뭐가 좋을까요?

Every ending is a new beginning
모든 끝은 새로운 시작이다

I'm sad that this school year is almost over.
이번 학년이 거의 끝나 가서 슬퍼.

Remember, every ending is a new beginning. Exciting things await you.
기억해, 모든 끝은 새로운 시작이야. 흥미진진한 일들이 너를 기다리고 있어.

비슷한 말

- **Fresh opportunities**
  새로운 기회들
- **New chapter begins**
  새로운 장이 시작된다
- **Turn the page**
  페이지를 넘기다

어디에서 온 말?

이 표현은 고대 로마의 철학자 세네카의 사상에서 비롯했어요. 한 가지 일이 끝나는 것은 분명 슬프지만 새로운 가능성과 기회의 문이 다시 찾아온다는 긍정적인 의미가 들어 있어요.

❶ 자연스러운 영어를 할 수 있다

똑같은 상황을 나타낼 때도 "I'm on cloud nine(더할 나위 없이 행복해)"이라고 하면 훨씬 멋지고 자연스러운 표현이 돼요.

❷ 영어권 콘텐츠가 더 재미있어진다

여러분이 자주 보는 애니메이션, 유튜브, 게임, 영어 노래에서 나오는 표현을 잘 이해할 수 있어요. 일력의 관용어를 모두 이해한 뒤 어느 날 애니메이션을 본다면 '어? 이런 뜻이구나!' 바로 알 수 있을 거예요.

❸ 상황을 더 생생하게 표현한다

어떤 긴장하는 상황에서도 "I'm nervous" 보다 "I have butterflies in my stomach(배 속에 나비가 날아다녀)"라고 하면 훨씬 실감 나게 나타낼 수 있어요.

❹ 영어권 문화를 이해할 수 있다

관용어에는 그 나라 사람들의 생각과 문화가 고스란히 담겨 있어요. 이를 바탕으로 만들어진 관용어를 잘 알면 영어의 이해도가 높아질 수 있답니다.

Good things come to those who wait
기다리는 자에게 복이 오다

I've been saving for this skateboard for months.
이 스케이트보드를 사려고 몇 달째 돈을 모으고 있어.

Good things come to those who wait.
기다리는 자에게 복이 와.

비슷한 말

- **Be patient**
  참을성을 가지다
- **Patience pays off**
  인내는 보상을 준다
- **Wait for the right moment**
  적절한 때를 기다리다

어디에서 온 말?

이 표현에는 조급해하지 말고 꾸준히 노력하면 좋은 결과를 얻을 수 있다는 지혜가 담겨 있어요. 씨를 뿌리고 오랫동안 기다려야 열매를 얻을 수 있듯 기다리는 사람에게 더 좋은 기회와 결과가 온다는 뜻이에요. 한 해를 돌아보며 미래에 대한 희망을 품을 때 쓰기 좋은 관용어랍니다.

이 일력은 "왜 이런 표현이 생겼을까?"를 알아갈 수 있도록 도와줄 거예요.

- Pull someone's leg가 어떻게 "놀리다"라는 뜻이 되었을까?
- Green with envy는 왜 질투를 녹색으로 표현할까?
- Cat got your tongue은 고양이가 혀를 어떻게 가져간다는 걸까?
- On cloud nine에서 nine은 무슨 뜻일까?

이런 궁금증을 풀어 줄 흥미로운 이야기들이 여러분을 기다리고 있어요. 셰익스피어부터 고대 그리스 신화, 중세 농부들의 일상까지, 수백 년 전에 살았던 사람들의 삶이 오늘날 쓰는 영어 관용어들에 어떻게 녹아 있는지 알아가는 재미를 놓치지 않고 담았답니다.

영어 관용 표현과 대화 예문을 더 생생하게 들려줄 음원도 놓치지 마세요.

영어 음원 Down

Broaden your horizons
시야를 넓히다

- **Spread your wings**
  날개를 펼치다
- **Try new things**
  새로운 것을 시도하다

I only like fantasy books. I don't see why
I need to read other genres.
나는 판타지 소설만 좋아해. 다른 장르를 읽어야 하는 이유를 모르겠어.

It's good to broaden your horizons.
시야를 넓히는 것이 좋아.

어디에서 온 말?

15세기 대항해 시대, 선원들은 멀리 항해할수록 이전에 볼 수 없던 새로운 세상을 만나곤 했어요. 이 표현은 좁은 세상에 갇혀 있기보다 넓은 세상에서 다양한 지식과 경험을 쌓아 생각을 넓혀야 한다는 뜻을 잘 담고 있어요.

Turn over a new leaf
새롭게 시작하다

I want to do better in school this year.
올해는 학교에서 더 잘하고 싶어.

That's great! It's a new year, so you can turn over a new leaf.
좋은 생각이야! 새해니까 새롭게 시작할 수 있잖아.

비슷한 말

- **With a clean slate**
  새 출발을 하다
- **Make a fresh start**
  새롭게 시작하다
- **Start from scratch**
  완전히 처음부터 시작하다

어디에서 온 말?

'새해, 새 학기, 새로운 시작'을 할 때 자주 쓰는 표현이에요. 관용어에서 leaf는 나뭇잎이 아닌 책의 한 페이지를 뜻해요. 옛날에는 책의 한 장을 'leaf'라고 불렀어요. 이 표현은 과거의 실수나 나쁜 습관을 버리고 새롭게 시작한다는 뜻이에요.

비슷한 말

- **Don't worry about it**
  걱정하지 마
- **It's okay**
  괜찮다
- **Not a problem**
  문제없다

어디에서 온 말?

문제가 생겼을 때 "괜찮아, 쉽게 해결할 수 있어"라고 위로하거나 안심시킬 때 쓰는 표현이에요. '중요한 일'이라는 뜻의 big deal 앞에 no를 붙이면 '중요하지 않은 일, 별것 아닌 일'이 돼요. 친구가 실수나 작은 문제로 걱정할 때 부담을 덜어 주는 따뜻한 관용어예요.

Where there's a will, there's a way
뜻이 있으면 길이 있다

I don't think I can finish this science project.
이 과학 프로젝트를 끝낼 수 있을지 모르겠어.

Don't give up! Where there's a will, there's a way.
포기하지 마! 뜻이 있는 곳에 길이 있어.

비슷한 말

- **Don't give up**
  포기하지 마

- **Keep trying**
  계속 해 봐

- **You can do it**
  할 수 있어

어디에서 온 말?

어려운 일이 생겼을 때 힘을 주는 표현이에요. 이 표현에서 will은 단순히 "원한다"라는 뜻이 아니라 마음 깊은 곳에서 우러나는 강한 의지나 결심을 나타내요. 간절히 원하면 해결 방법도 저절로 떠오르기 마련이지요. 의지력이 얼마나 중요한지 알려 주는 표현이랍니다.

December 25th

Ring in the new year
새해를 맞이하다

어디에서 온 말?

단어 ring은 종이나 벨 소리를 나타내요. 옛날 영국에서는 새해가 되는 자정에 교회 종을 울려서 묵은해를 보내고 새해를 맞이하는 전통이 있었어요. 지금도 세계 여러 나라에서 종소리나 음악을 울려서 새해를 맞이해요. 이 관용어는 이런 뜻을 담고 있어요.

A journey of a thousand miles begins with a single step
천 리 길도 한 걸음부터

비슷한 말

- **Baby steps**
  조금씩 천천히(아기 걸음마)
- **One step at a time**
  천천히 한 걸음씩
- **Start small**
  작게 시작하다

어디에서 온 말?

모든 일을 한꺼번에 이루려고 하기보다 작은 출발이 더 중요하다는 뜻이에요. 이 표현은 중국 철학자 노자의 『도덕경』에서 나왔어요. 무슨 일이든 한 걸음부터 시작하지 않으면 끝낼 수 없답니다. 작은 시작이 큰 변화를 만드니까요.

비슷한 말

- **Appreciation**
  감사, 고마움
- **Counting blessings**
  감사할 일 세기
- **Thankful spirit**
  고마워하는 마음

어디에서 온 말?

마음속 깊은 곳에서 우러나오는 진정한 감사를 가리키는 표현이에요. 연말처럼 한 해를 돌아보는 시기에 특히 소중한 마음가짐을 나타내고 싶을 때 쓰기 좋아요.

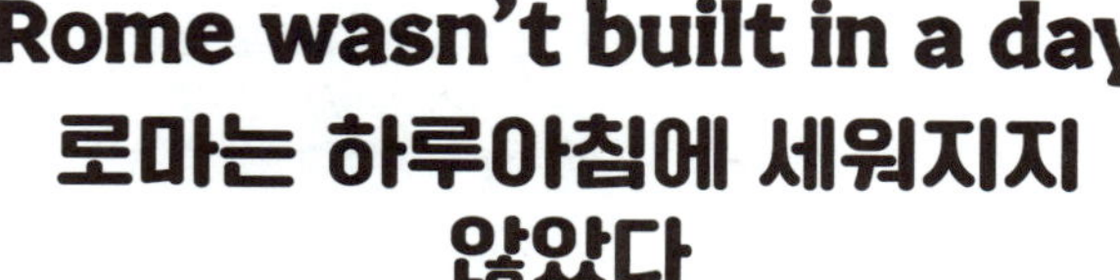

Rome wasn't built in a day
로마는 하루아침에 세워지지 않았다

- **Good things come to those who wait**
  기다리는 자에게 좋은 일이 온다
- **Patience is a virtue**
  인내가 미덕이다
- **Take your time**
  천천히 하다

거대한 로마 제국도 하루아침에 세워지지 않았어요. 이 표현은 큰 성취나 목표는 당장 이루어지지 않고 꾸준히 노력해야 한다는 뜻이에요. 우리말 속담 '천 리 길도 한 걸음부터'와 비슷하게 쓰여요.

비슷한 말

- **Do it correctly**
  정확히 하다
- **Nail it**
  완벽하게 해내다
- **Perfect it**
  완벽하게 만들다

어디에서 온 말?

여러 번 시도한 끝에 해냈을 때 사용하는 표현이에요. get은 "얻다, 이루다"를, right는 "올바른, 정확한"이라는 뜻이에요. 틀렸던 것을 고치거나 어려웠던 것을 마침내 성공했을 때의 성취감을 잘 나타내 준답니다.

The early bird catches the worm
일찍 일어나는 새가 벌레를 잡는다

비슷한 말

- **Be on time**
  시간 맞춰 오다
- **Be the first one**
  가장 먼저 하다 (가다)
- **Don't be late**
  늦지 마

어디에서 온 말?

아침 일찍 일어나는 새는 먹이를 더 쉽게 찾을 수 있어요. 이 표현은 이처럼 일찍 준비하고 시작하는 사람이 더 많은 기회를 얻는다는 뜻이에요. 부지런한 사람이 좋은 기회를 잡는다는 교훈을 보여 줘요.

December
22nd

Hats off to
경의를 표하다

비슷한 말

- **Kudos to**
  ~에게 칭찬을 보내다
- **Respect for**
  ~을 존경하다
- **Well done**
  잘했다, 훌륭했다

어디에서 온 말?

옛날에 신사들이 존경하는 사람을 만나면 모자를 벗어 인사했던 예의에서 비롯한 표현이에요. 모자를 벗는 것은 최고의 예의와 존경을 보이는 행동이었거든요. 군대에서 하급자가 상급자에게 모자를 벗으며 존경을 나타냈던 관습에서 유래했다고도 알려져 있어요.

Sarah organized the whole winter festival by herself.
사라가 겨울 축제를 혼자서 다 준비했어.

Hats off to her for such hard work.
그런 노고에 경의를 표해.

First come, first served
선착순

비슷한 말

- **Line up**
  줄을 서다
- **Take turns**
  차례로 하다
- **Wait your turn**
  차례를 기다리다

어디에서 온 말?

이 표현은 먼저 온 사람에게 기회를 주자는 뜻으로 16세기 영국에서 처음 쓰였어요. 공정하게 차례를 지키자는 사회 규칙에서 비롯한 표현이랍니다. 지금도 학교나 식당 등에서 순서를 정할 때 자주 사용해요.

Hip hip hooray
만세, 브라보

- **Celebrate together**
  함께 축하하다
- **Hooray for**
  만세를 외치다
- **Round of applause**
  한차례의 박수갈채

1800년대의 영국에서는 누군가를 축하할 때 한 사람이 "Hip hip!"을 외치면 모든 사람이 "Hooray!"를 외쳤어요. 정확히 이걸 세 번 반복하는 관습이 있었죠. 지금도 축하할 일이 있을 때 사용하는 신나는 표현이랍니다.

Our winter school festival was amazing. Everyone did so well.
우리 겨울 학예회가 정말 대단했어. 모두 최고였어.

Three cheers for our amazing performance. Hip hip hooray!
놀라운 공연에 같이 세 번 환호를 보내자. 힙 힙 후레이!

Put your best foot forward
최선을 다하다

비슷한 말

- **Do your best**
  끝까지 노력하다

- **Go all out**
  온 힘을 다하다

- **Try your best**
  최선을 다해 노력하다

어디에서 온 말?

옛날에는 신발이 귀해서 양쪽 신발의 상태가 달랐어요. 사람들은 더 좋은 신발을 신은 발을 앞으로 내밀며 걸어서 좋은 인상을 주려고 했답니다. 이 유래에서 첫 만남이나 중요한 순간에 자신의 가장 좋은 모습을 보여 주라는 표현이 생겼어요.

Have a sweet tooth
단것을 좋아하다

비슷한 말

- **Dessert person**
  디저트를 좋아하는 사람
- **Love sweets**
  단것을 사랑하다
- **Sugar lover**
  설탕을 좋아하는 사람

어디에서 온 말?

'단 이빨'이라는 재미난 이 표현은 글자 그대로의 뜻보다 '단것을 좋아하는 성향'을 가리킨답니다. 14세기부터 이빨 중에 단것만 좋아하는 특별한 이빨이 있다는 사람들의 상상에서 비롯한 관용어예요. 쿠키, 케이크 등 달콤한 음식이 많은 12월에 더 자주 쓰인답니다.

Burn the midnight oil
밤늦게까지 공부하다

비슷한 말

- **Burn the candle at both ends**
  밤낮없이 일하다

- **Cram for a test**
  시험공부를 벼락치기로 하다

- **Stay up late**
  늦게까지 깨어 있다

어디에서 온 말?

전기가 없던 옛날에는 밤늦게까지 공부하거나 일하려면 등불을 켜야 했어요. 등불을 밝히며 열심히 공부하거나 일하는 모습에서 이 표현이 생겼어요. 지금도 밤늦게까지 열심히 노력할 때 많이 사용하는 말이랍니다.

Crack someone up
~를 웃기다, 빵 터지다

비슷한 말

- **Be funny**
  재미있다
- **Make someone laugh**
  ~를 웃게 하다
- **Tell a good joke**
  좋은 농담을 하다

Your joke about the snowman
was hilarious.
네가 한 눈사람 농담 진짜 빵 터졌어.

I'm glad I could crack you up during
this stressful exam week.
시험 기간에 널 웃길 수 있어서 다행이야.

어디에서 온 말?

너무 웃겨서 배가 아팠던 경험이 있나요? 이럴 때를 가리켜 'crack up'이라고 해요. 원래 "깨트리다"라는 뜻의 crack이 들어가면서 너무 웃겨 사람을 산산조각 낼 것 같다는 뜻이 되었답니다. 친구들을 빵빵 터지게 하고 싶을 때 쓰기 좋은 표현이에요.

Get the ball rolling
일을 시작하다

We need to start our group project soon.
곧 우리 모둠 프로젝트를 시작해야 해.

Let's meet tomorrow to get the ball rolling.
내일 만나서 시작해 보자.

비슷한 말

- **Get things going**
  일을 진행시키다
- **Set the wheels in motion**
  일을 본격적으로 시작하다
- **Start the process**
  일을 시작하다

어디에서 온 말?

1840년 미국 대통령 선거 때, 한 후보의 지지자들이 슬로건이 적힌 커다란 공을 마을마다 굴리면서 "Keep the ball rolling!"이라고 외치던 캠페인에서 유래한 표현이에요. 공이 굴러가면 멈추지 않고 계속 움직이듯, 시작한 일은 자연스럽게 이어진다는 뜻이에요. 지금도 새로운 일을 시작할 때 자주 쓴답니다.

Christmas spirit
크리스마스 분위기

Everyone is being so kind and helpful today.
오늘 모두 너무 친절하고 돕는 분위기야.

That's the Christmas spirit spreading everywhere.
그게 바로 크리스마스 분위기지.

어디에서 온 말?

이 표현은 사랑, 나눔, 친절, 용서의 마음을 잘 담고 있어요. 1860년대부터 쓰인 이 관용어는 찰스 디킨스의 소설 『크리스마스 캐럴』에 나오면서 더 유명해졌어요. 크리스마스 시즌에 사람들이 보여 주는 특별한 따뜻함과 관대함을 보여 준답니다.

Roll up your sleeves
(소매를 걷어붙이며) 본격적으로 하다

Our room is a total mess!
우리 방이 완전 엉망이야!

Roll up your sleeves!
본격적으로 치울 시간이야!

비슷한 말

- **Buckle down**
  열심히 하다
- **Get down to business**
  본격적으로 시작하다
- **Get to work**
  일을 시작하다

어디에서 온 말?

일을 시작하기 전에 옷이 더러워지지 않도록 소매를 걷어 올리는 행동에서 비롯한 표현이에요. 힘든 일이나 중요한 과제를 앞두고 열심히 해보자는 의지를 나타낼 때 써요. 준비를 끝내고 진지하게 시작한다는 느낌이 담겨 있답니다.

Season's greetings
즐거운 연말을 보내다

Here's your holiday card.
여기 네 연말 카드야.

Season's greetings.
Thank you so much.
즐거운 연말 보내. 고마워.

비슷한 말

- **Happy holidays**
  행복한 휴일을 보내다
- **Holiday wishes**
  행복한 연말 소원
- **Warm winter greetings**
  따뜻한 연말 인사

어디에서 온 말?

크리스마스 시즌에 종교와 상관없이 누구에게나 쓸 수 있는 따뜻한 연말 인사말이에요. 특정 종교 대신 계절의 기쁨을 나누자는 포용적인 표현이랍니다.

No pain, no gain
고생(노력) 없이 얻는 것은 없다

I'm so tired from basketball practice.
농구 연습 때문에 너무 피곤해.

No pain, no gain.
Your hard work will pay off.
고생 없이 얻는 것은 없어. 네 노력은 결국 보상받을 거야.

- **Effort = Success**
  노력은 성공이다

- **Keep going**
  계속하다

- **Nothing worth having comes easy**
  가치 있는 것은 쉽게 얻어지지 않는다

1980년대 미국에서 운동할 때 많이 쓰인 말이에요. 운동선수와 트레이너들은 "힘든 연습을 해야 좋은 결과를 얻는다"라고 늘 말했어요. 벤저민 프랭클린도 "There are no gains, without pains(고생 없이 얻는 것은 없다)"라고 말한 적이 있답니다.

- **Reflect on**
  돌이켜 보다
- **Remember fondly**
  따뜻하게 기억하다
- **Think back to**
  ~을 떠올리다

뒤를 돌아보듯 지나온 시간이나 경험을 다시 생각해 본다는 뜻이에요. 12월에는 한 해를 돌아보는 시간이 많아서 자주 사용하는 표현이에요.

This year went by so fast.
올해가 정말 빨리 지나갔어.

It's nice to look back on all the good memories we made.
우리가 만든 좋은 추억을 돌아보니까 기분 좋네.

He keeps promising to change,
but nothing happens.
그는 계속 바뀌겠다고 약속하지만 아무 일도 안 일어나.

Remember, actions speak louder
than words.
말보다 행동이 중요하다는 걸 기억해.

비슷한 말

- **Practice what you preach**
  말한 대로 실천하다

- **Put your money where
  your mouth is**
  말로만 하지 말고 행동하다

- **Put your words into action**
  말한 대로 행동하다

어디에서 온 말?

이 표현은 고대 그리스 시대부터 있었어요. 1628년부터 지금 쓰는 표현으로 자리 잡았답니다. "더 크게 말하다"라는 뜻인 speak louder는 행동이 말보다 진실하다는 뜻이에요. 약속도 중요하지만 실천하는 모습이 그 사람을 드러낸다는 교훈이 담겨 있어요.

Give yourself credit
스스로를 인정하다

I practiced piano every day and finally
learned the whole song.
매일 피아노를 연습해서 드디어 곡 전체를 칠 수 있게 됐어.

Give yourself credit!
That's a huge accomplishment.
스스로를 인정해 줘! 정말 대단한 성취야.

비슷한 말

- **Acknowledge your efforts**
  자신의 노력을 인정하다

- **Be proud of yourself**
  자신을 자랑스러워하다

- **Pat yourself on the back**
  자신을 칭찬하다

어디에서 온 말?

은행에서 돈을 빌려주는 credit(신용)와 같은 단어예요. 자신에게 점수를 매긴다고 생각하면 이해하기 쉬워요. 겸손도 중요하지만 정말 열심히 노력해서 뭔가를 해냈을 때는 "내가 정말 잘했구나" 하고 인정해 주는 것도 꼭 필요하답니다.

Break a leg
행운을 빌어

I have a dance competition tomorrow.
I'm so nervous!
내일 댄스 대회라서 너무 긴장돼!

You'll do great. Break a leg.
잘할 거야. 행운을 빌어.

비슷한 말

- **Best of luck**
  행운을 빌다
- **Fingers crossed**
  잘되기를 빌다
- **Knock'em dead**
  멋지게 해내다

어디에서 온 말?

연극 무대에서 "Good luck!"이라고 말하면 오히려 불운이 온다고 믿는 미신이 있었어요. 배우들끼리는 "행운을 빌어" 대신 "Break a leg!"라고 말하곤 했어요. 어떤 설에서는 공연이 크게 성공해서 관객에게 다리가 부러질 만큼 많이 인사하기를 바란다는 뜻으로 전해지기도 해요.

Make a long story short
간단히 말하면

비슷한 말

- **Bottom line**
  결론적으로
- **In short**
  간단히 말해서
- **To sum up**
  요약하면

어디에서 온 말?

친구가 길게 이야기할 때 "간단히 말해 봐!"라고 말한 적 있나요? 17세기부터 사용된 이 표현은 길고 복잡한 이야기를 듣는 사람이 지루하지 않도록 핵심만 전달하겠다는 배려가 담겨 있어요.

Ups and downs
좋을 때도 있고 나쁠(힘들) 때도 있고

How's your new hobby, playing the piano, going?
새로 시작한 피아노는 어때?

It has its ups and downs, but overall it's going well.
좋을 때도 있고 힘들 때도 있지만, 대체로 괜찮아.

비슷한 말

- **Ebb and flow**
  밀물과 썰물, 흥망성쇠

- **Highs and lows**
  좋은 때와 나쁜 때

- **Peaks and valleys**
  인생의 고비와 절정, 기복

어디에서 온 말?

이 표현은 인생에서 어떤 일이 늘 좋거나 나쁘지 않고 좋을 때와 어려운 때가 번갈아 온다는 뜻이에요. 롤러코스터가 오르락내리락하는 모습에서 유래한 만큼 변화가 있다는 현실을 인정하는 표현이랍니다.

Wrap things up
일을 마무리하다

- **Complete the task**
  과제를 완수하다
- **Finish up**
  끝마치다
- **Wind down**
  마무리하다

생일 선물을 포장해 본 적 있나요? 포장이 바로 wrap이에요. 선물을 포장해서 예쁘게 만들듯, 일이나 프로젝트를 깔끔하게 마무리한다는 뜻으로 쓰이는 표현이랍니다.

We need to finish our group project before Christmas.
크리스마스 전에 조별 과제를 끝내야 해.

Let's **wrap things up** this week.
이번 주에 마무리하자.

In the same boat
마찬가지다, 같은 처지에 있다

비슷한 말

- **I know how you feel**
  네 마음 이해해

- **Join the club**
  같은 신세가 되다

- **Tell me about it**
  내 말이 그 말이야
  (어떤 기분에 공감하며)

어디에서 온 말?

이 표현은 먼 옛날의 항해 시대에 같은 배를 타고 있으면 함께 위험을 겪는다는 데에서 유래했어요. 같은 처지에 있는 친구끼리 공감하고 위로할 때 주로 써요. 고민이나 걱정을 나누며 "나도 네 마음을 알아"라고 말해 주기에 딱 좋은 표현이랍니다.

Cross the finish line
끝내다, 결승선을 통과하다

Only three more days of school before winter break.
겨울 방학까지 3일밖에 안 남았어.

You're about to **cross the finish line** of this semester.
이제 이번 학기도 다 끝나 간다.

비슷한 말

- **Complete the journey**
  여정을 완주하다
- **Make it to the end**
  끝까지 해내다
- **Reach the end**
  끝에 도달하다

어디에서 온 말?

마라톤이나 달리기에서 결승선 (finish line)을 통과하면 경주가 끝나듯 어떤 긴 과정이나 도전을 성공적으로 끝냈다는 뜻이에요. 학기 말, 프로젝트 완성 등의 목표를 달성하는 마무리 순간에 어울리는 표현이랍니다.

January
16th

Keep your chin up
힘내다, 기운 내다

I've been having a really hard time at school lately.
요즘 학교에서 정말 힘든 시간을 보내고 있어.

I know it's tough, but keep your chin up. Things will get better.
힘든 거 알지만, 힘내. 분명 좋아질 거야.

December 11th

Dream come true
꿈이 이루어지다

오랫동안 간절히 바라던 일이 현실로 이루어질 때 쓰는 표현이에요. "실현되다, 현실이 되다"라는 뜻의 come true는 꿈이나 소원이 정말로 이루어졌을 때의 기쁨과 감동을 나타내요. 한 해의 성과를 돌아보며 이루어진 꿈들을 확인할 때 더 의미 있는 관용어랍니다.

비슷한 말

- **Stick it out**
  끝까지 버티다

- **Tough it out**
  힘들어도 견디다

어디에서 온 말?

1970년대 한 사진작가가 대나무에 샴고양이가 매달린 사진에 "Hang in there, baby!"라는 짧은 글을 넣어 포스터를 만들었어요. 이것이 큰 인기를 끌면서 널리 알려진 표현이랍니다. 지금은 아무리 힘들어도 끝까지 포기하지 말고 버티라는 뜻으로 자주 써요.

Feather in your cap
자랑거리

비슷한 말

- **Achievement to celebrate**
  축하할 성취
- **Badge of honor**
  명예의 상징
- **Source of pride**
  자랑거리

어디에서 온 말?

1599년 헝가리에서는 적을 죽인 전사만이 모자에 깃털을 꽂을 수 있었어요. 북미 원주민들도 용감한 전사에게 깃털을 주었고 스코틀랜드에서는 첫 번째 새를 잡은 사냥꾼이 새의 깃털을 모자에 꽂았답니다. 이후 18세기부터 영국에서 '자랑거리'라는 뜻으로 이 표현을 사용했어요.

A piece of cake
식은 죽 먹기

Was training your puppy to sit difficult?
강아지한테 앉기 가르치는 게 어려웠어?

Not at all. It was a piece of cake.
전혀 아니야. 식은 죽 먹기였어.

비슷한 말

- **Easy as pie**
  아주 쉬운

- **It's a breeze**
  아주 쉽다

- **No sweat**
  거뜬하다

어디에서 온 말?

이 표현의 유래로 두 가지 설이 전해져요. 미국 남부에서 열린 춤 대회 〈케이크워크〉의 우승자가 케이크를 쉽게 받았다는 설, 영국군이 케이크를 간식으로 쉽게 받았던 경험에서 나왔다는 설이 전해져요. 지금은 '아주 쉬운 일'이라는 뜻으로 널리 쓰여요.

The icing on the cake
금상첨화, 완벽한 마무리

비슷한 말

- **Cherry on top**
  화룡점정
- **Perfect finishing touch**
  완벽한 마무리
- **Sweet bonus**
  달콤한 보너스

어디에서 온 말?

케이크만 있어도 충분한데 그 위에 달콤하고 예쁜 설탕 코팅, 아이싱까지 올리면 더 특별해지죠? 이 표현은 1900년대 초 미국에서 케이크를 꾸미는 문화가 발달하면서 생겼어요. 이미 좋은 상황에 더 좋은 일이 일어났을 때 쓰는 관용어랍니다.

You nailed it
정말 잘했어

비슷한 말

- **You aced it**
  완벽하게 했어

- **You crushed it**
  멋지게 해냈어

어디에서 온 말?

이 표현은 예전에 목수들이 못을 한 번에 정확하게 박으면 "정말 잘했다!"라며 칭찬했던 데에서 유래했어요. 지금은 시험, 발표, 공연 등에서 누가 잘했을 때 칭찬하는 뜻으로 써요.

Take a bow
인사하다, 칭찬받다

비슷한 말

- **Deserve applause**
  박수 받을 만하다
- **Earn recognition**
  인정을 받다
- **Well deserved**
  마땅히 받을 만한

어디에서 온 말?

연극이나 공연이 끝나면 배우들이 관객들에게 허리를 굽혀 인사하는 것을 'bow'라고 해요. 이 전통은 중세 시대 왕족 앞에서 공연할 때 했던 절에서 유래했는데 19세기 즈음부터 흔한 관습이 되었답니다. 박수 받을 훌륭한 일을 해냈을 때 "인사받을 자격이 있다"라는 뜻으로 쓰여요.

On cloud nine
매우 행복한, 신난

비슷한 말

- **Flying high**
  하늘을 나는 듯한

- **Happy as a clam**
  더없이 행복한

- **In seventh heaven**
  황홀경에 빠진, 무아지경

어디에서 온 말?

이 표현은 "9번 구름 위에 있다"라는 뜻이에요. 실제로 "매우 행복하다, 기분이 최고다"라는 뜻으로 쓰여요. 기상학에서 구름을 높이에 따라 9단계로 분류할 때 9번이 가장 높은 구름이어서 생긴 표현이에요.

You look so happy today.
오늘 엄청 행복해 보이네.

I'm on cloud nine! We're going to the ski resort this weekend.
완전 신나! 이번 주말에 스키장에 가거든.

Mission accomplished
임무 완수

I cleaned my entire room and organized
all my winter clothes, Mom.
방 전체를 청소하고 겨울옷도 다 정리했어요, 엄마.

Mission accomplished.
It looks amazing in here.
임무 완수네. 방이 정말 깔끔해졌다.

- **Goal achieved**
  목표 달성
- **Task completed**
  과제 완료

mission은 '임무'라는 뜻이에요. 군사 용어에서 유래한 이 표현은 2003년 조지 부시 대통령이 USS 에이브러햄 링컨 항공 모함을 찾아가 'Mission Accomplished'라고 쓰인 현수막 앞에서의 연설로 널리 알려졌어요. 지금은 목표나 과제를 성공적으로 마쳤을 때 쓰는 표현이에요.

Don't put off until tomorrow what you can do today
오늘 할 수 있는 일을 내일로 미루지 마라

비슷한 말

- **Do it now**
  지금 해

- **Don't delay**
  미루지 마

- **Today, not tomorrow**
  내일 말고 오늘 해

어디에서 온 말?

미국의 정치가 벤저민 프랭클린이 자주 쓴 유명한 표현이에요. "미루다"라는 뜻의 put off는 해야 할 일을 뒤로 미루지 말고 바로 하라는 교훈을 담고 있어요. 지금도 시간 관리의 중요성을 강조할 때 자주 쓴답니다.

Pat yourself on the back
스스로 칭찬하다

I'm proud that I volunteered at the animal shelter this month.
이번 달 내내 동물 보호소에서 봉사한 게 뿌듯해.

You should pat yourself on the back for that dedication.
그런 꾸준함이라니 네가 스스로 칭찬할 만해.

비슷한 말

- **Be proud of yourself**
  자신을 자랑스러워하다
- **Give yourself credit**
  스스로를 인정하다

어디에서 온 말?

pat은 "톡톡 가볍게 치다"라는 뜻이에요. 누군가 잘했을 때 등을 가볍게 두드려 주는 행동에서 비롯한 표현이에요. 자신의 등을 직접 두드릴 수는 없지만 스스로 "잘했어!"라고 인정해 주는 의미가 녹아 있어요.

Every cloud has a silver lining
나쁜 일에는 좋은 면이 있다

비슷한 말

- **Look for the silver lining**
  좋은 면을 찾아보다

- **There's a rainbow after every storm**
  힘든 일 뒤에 좋은 일이 찾아온다

- **When one door closes, another opens**
  이 일이 안 돼도 다른 좋은 일이 생기다

어디에서 온 말?

이 표현은 흐린 날에 햇빛을 받아 가장자리가 은빛으로 반짝이는 구름에서 유래했어요. 17세기 영국 시인의 시에서 널리 알려지면서 힘든 일이 있어도 그 안에 희망이 있다는 뜻으로 쓰였답니다.

December
5th
Off the charts
엄청나다

비슷한 말

- **Beyond amazing**
  놀라움을 넘어서
- **Incredible achievement**
  믿을 수 없는 성취
- **Through the roof**
  하늘을 찌를 정도로

어디에서 온 말?

이 표현은 음악이나 인기 순위 차트에서 점수가 너무 높아 측정 범위를 벗어났던 데에서 생겼어요. 1970~80년대 미국의 대중 음악계에서 많이 쓰였다가 지금은 모든 분야에서 기대를 뛰어넘는 성공을 가리켜 최고 또는 "엄청나다!"라고 칭찬할 때 쓰는 관용어예요.

I won first place in the school science fair!
학교 과학 전시회에서 1등을 했어!

That's off the charts!
All your hard work and research paid off.
정말 엄청나다! 네 노력과 연구가 결실을 맺었구나.

Cross your fingers
행운을 빌다

오늘 밤 학교 연극에 출연해. 실수하지 않았으면 좋겠어.

행운을 빌어. 잘할 거야.

비슷한 말

- **Keep your fingers crossed**
  계속 행운을 빌어 주다
- **Knock on wood**
  (나무를 두드리는 행동에서)
  행운이 깃들기 바라다
- **Touch wood**
  부정 타지 않기를 바라다

어디에서 온 말?

손가락을 꼬아 X 자를 만드는 동작은 중세의 기독교인들이 십자가 모양으로 행운을 빌던 데에서 시작됐어요. 이렇게 하면 나쁜 운을 막고 좋은 일이 생긴다고 믿었답니다. 지금도 중요한 일이 있을 때 행운을 빈다는 뜻으로 쓰고 있어요.

비슷한 말

- **Mission complete**
  임무 완료

- **Pulled it off**
  성공했어

- **You made it**
  해냈어

어디에서 온 말?

누군가 오랜 노력 끝에 목표를 이뤘을 때 "해냈구나!" 진심으로 칭찬하는 표현이에요. 해내기까지 힘든 걸 이겨 낸 친구에게 용기와 자부심을 주고 싶을 때 쓰기 좋은 관용어랍니다.

Go with the flow
흐름에 맡기다

비슷한 말

- **Be flexible**
  상황에 맞게 생각하다
- **Take it easy**
  신경 쓰지 않다
- **Take things as they come**
  있는 그대로 받아들이다

어디에서 온 말?

무슨 일이든 흐름에 맡기면 더 편하듯, 상황에 맞춰 자연스럽게 행동하자는 뜻이에요. 1960년대 미국에서 "삶을 억지로 바꾸려 하지 말고 편하게 받아들이자"라는 뜻으로 젊은이들 사이에 퍼진 표현이랍니다.

Way to go
잘했어

I got chosen to perform in the winter school concert.
겨울 학교 콘서트에 뽑혀서 무대에 서게 됐어.

Way to go. You've been practicing so hard for this.
잘했어. 이걸 위해 얼마나 열심히 연습했는데.

비슷한 말

- **Awesome**
  대단하다
- **Good job**
  잘했다
- **You did it**
  해냈구나

어디에서 온 말?

글자 그대로는 '갈 길'이라는 뜻이지만 "그렇게 하는 거야!"라는 응원이 담긴 표현이에요. 누군가 좋은 결과를 얻었을 때 "바로 그런 식으로 하는 거야!"라며 힘을 북돋워 주는 친근한 칭찬이지요.

Think outside the box
고정 관념을 깨다

I can't figure out how to solve this puzzle.
이 퍼즐을 어떻게 풀어야 할지 모르겠어.

Try to **think outside the box**.
Look at it from a different angle.
고정 관념을 깨 봐. 다른 각도에서 바라봐.

- **Break the mold**
  틀을 깨다
- **Color outside the lines**
  틀에 얽매이지 않고 생각하다
- **Push the envelope**
  한계를 넘어 도전하다

"상자 밖에서 생각한다"라는 의미 그대로 익숙한 틀을 벗어나 새롭게 생각하라는 뜻이에요. 1970년대 경영 전문가들이 창의적 사고를 강조하며 만든 표현이랍니다. 색다른 아이디어를 강조할 때 자주 쓰이고 있어요.

비슷한 말

- **Excellent job**
  정말 훌륭했어
- **Great work**
  잘했어
- **Well accomplished**
  잘 성취했다

어디에서 온 말?

수고한 누군가에게 "참 잘했어!"라고 칭찬하는 표현이에요. 한 해가 끝나갈 때 열심히 노력한 자신을 칭찬하거나 친구를 응원할 때 이 관용어를 사용해 보세요.

I finally finished reading all the books on my winter reading list.
드디어 겨울 독서 목록에 있던 책들을 다 읽었어.

Job well done. That's a great achievement for the year.
수고했어. 올 한 해 멋지게 해냈네.

Strike while the iron is hot
기회를 놓치지 마라

I heard the teacher is in a really good mood today.
선생님이 오늘 기분이 정말 좋으시대.

Strike while the iron is hot!
Go ask about extra credits now.
기회를 놓치지 말고 바로 움직여! 지금 추가 점수 물어봐.

- **Don't hesitate**
  망설이지 마라
- **Opportunity knocks but once**
  기회는 쉽게 오지 않는다
- **Take action now**
  지금 바로 하다

이 표현은 대장간에서 유래했어요. 불에 달구어 쇠가 빨갛게 달아올랐을 때가 망치로 두드려 모양을 만들기 가장 좋은 때예요. 식으면 쇠를 다시 달궈야 해요. 쇠가 달구어질 때를 맞춰 때리듯 좋은 기회가 왔을 때 바로 행동하라는 뜻이에요.

All's well that ends well
끝이 좋으면 다 좋다

This year had some tough moments,
but I learned so much.
올해 힘들 때도 있었지만 배운 게 진짜 많아.

All's well that ends well.
You're finishing the year strong.
끝이 좋으면 다 좋은 거야. 마지막까지 멋지게 마무리하고 있네.

어디에서 온 말?

셰익스피어가 1602년에 쓴 희곡 제목에서 유래한 표현이에요. 옛날 영국에서는 연극이 끝나면 관객들이 "All's well that ends well!"이라고 외치곤 했대요. 과정이 힘들었어도 마지막이 잘 끝나면 모든 게 괜찮아진다는 뜻이지요.

Take it one step at a time
한 번에 한 걸음씩

I have so many things to do for the school festival.
학교 축제 일 때문에 너무 바빠.

Don't get overwhelmed.
Take it one step at a time.
걱정 마. 한 번에 한 걸음씩 해 봐.

비슷한 말

- **Break it down**
  작게 나눠서 하다
- **Little by little**
  조금씩 해내다
- **One thing at a time**
  한 번에 하나씩

어디에서 온 말?

이 표현은 복잡하고 어려운 일을 조금씩 나누어 차근차근 하라는 뜻이에요. take it은 "그것을 받아들이다"라는 뜻이고 one step at a time은 '한 번에 한 걸음씩'이라는 뜻이에요. 복잡한 일도 천천히, 한 걸음씩 하면 해결할 수 있다는 지혜를 담고 있어요.

12

December

Celebrate and Finish

Better late than never
안 하는 것보다 늦게라도 하는 게 낫다

I finally started my book report,
but it's due tomorrow.
감상문을 이제야 시작했는데, 내일까지 내야 해.

Better late than never.
At least you're doing it now.
안 하는 것보다 늦게라도 하는 게 낫지. 그래도 하고 있잖아.

- **It's never too late**
  결코 늦지 않았다

- **Just do it**
  그냥 하다

- **Start now**
  지금 시작하다

14세기부터 쓰여 온 오래된 표현이에요. 농사철을 놓치면 손해지만 늦게라도 씨를 뿌리면 아무것도 수확하지 못하는 것보다 낫다는 뜻에서 유래했어요. 완벽한 때만 기다리지 말고 늦더라도 시작하는 게 좋다는 교훈을 담고 있어요.

Count me in
끼워 주다

We're organizing a winter coat drive for homeless people.
노숙자들을 위한 겨울 코트 모금 행사를 준비하고 있어.

Count me in. I want to help make a difference in our community.
나도 끼워 줘. 지역 사회를 바꾸는 데 도움이 되고 싶어.

비슷한 말

- **I'm in**
  나도 할게

- **Include me**
  나도 넣어 줘

- **Sign me up**
  신청하다

어디에서 온 말?

어떤 모임이나 활동에 누가 참여하는지 수를 셀 때 "나도 거기에 넣어 달라"라는 뜻이에요. 20세기 미국에서 비롯한 이 표현은 적극적으로 참여하고 싶다는 의지를 잘 보여 주고 있어요.

Practice makes perfect
연습하면 완벽해진다

I keep making mistakes when I play the guitar.
기타 칠 때 계속 실수해.

Don't worry. Practice makes perfect.
걱정하지 마. 연습하면 완벽해질 거야.

- **Keep practicing**
  계속 연습하다
- **Repetition is the mother of skill**
  반복하면 실력이 늘다
- **Work on it**
  계속 노력하다

16세기부터 쓰이기 시작한 이 표현은 원래 practise makes perfection 이었어요. 반복해서 연습하면 뭐든지 잘할 수 있다는 뜻이에요. 조금씩 반복하다 보면 어느새 실력이 늘어 있으니 멈추지 않고 계속해 봐요!

Pull someone's leg
놀리다

Did you really meet a famous K-pop
star at the grocery store?
정말 마트에서 유명한 K-pop 스타를 만났어?

I'm just pulling your leg.
But I did see someone who looked like them.
그냥 놀린 거야. 하지만 닮은 사람은 봤어.

비슷한 말

- **Just kidding**
  그냥 농담이야

- **I'm joking**
  농담이야

- **Tease someone**
  놀리다

어디에서 온 말?

이 표현의 정확한 유래는 확실하지
않지만 19세기 영국에서 시작되었
다고 해요. 누군가의 다리를 잡아당
기면 넘어지게 할 수 있듯, 장난스럽
게 거짓말해서 상대방을 속인다는
뜻이에요. 가벼운 장난을 치거나 농
담할 때 사용하는 친근한 관용어랍
니다.

Call it a day
오늘은 여기까지 하자

비슷한 말

- **Call it quits**
  그만두기로 하다
- **That's enough for today**
  오늘은 이 정도면 충분하다
- **Wrap it up**
  마무리하다

어디에서 온 말?

예전에는 해가 지면 할 수 있는 일이 없어서 "오늘은 여기까지"라고 말하며 일을 마쳤어요. 지금은 어떤 일을 마치며 "이제 그만하자, 오늘은 여기까지 하자"라고 말할 때 자주 쓰는 표현이에요.

It's been ages
정말 오랜만이다

비슷한 말

- **It's been forever**
  정말 오랜만이다

- **I haven't seen you in ages**
  오랫동안 못 보다

- **Long time no see**
  오랜만이다

어디에서 온 말?

'오랜 세월, 시대'라는 뜻의 ages는 여기에서 과장법으로 쓰였어요. 실제로 수백 년이 지나지는 않았지만 오랜 시간이 지난 것처럼 느껴진다는 뜻이에요. 친한 사람을 오랜만에 만났을 때 반가움을 나타내는 따뜻한 일상 표현이랍니다.

Finish what you started
시작한 일은 끝내다

비숫한 말

- **Follow through**
  끝까지 하다
- **Go the distance**
  포기하지 않고 끝까지 가다
- **Stick with it**
  포기하지 않다

어디에서 온 말?

시작한 일을 포기하면 그동안 들인 노력이 아깝죠? 끝까지 해 보면 뿌듯함과 성취를 느낄 수 있어요. 이 표현은 "시작했으면 끝까지 해 보자"라는 끈기를 담고 있어요.

Let bygones be bygones
지나간 일은 지나간 일로

Are you still upset about our argument last month?
지난달 우리가 다툰 것 때문에 아직도 화났어?

No, let bygones be bygones. We're friends again.
아니, 지나간 일은 지나간 일로 해. 우리는 다시 친구야.

비슷한 말

- **Leave the past behind**
  과거를 뒤로하다
- **Start afresh**
  새롭게 시작하다
- **Water under the bridge**
  지나간 일

어디에서 온 말?

'지나간 일'이라는 뜻의 bygone은 16세기부터 사용된 옛날 영단어예요. 과거의 나쁜 일들을 계속 기억하지 말고 잊어버리자는 뜻이 있어요. 같은 단어를 두 번 반복해서 강조할 만큼 과거에 얽매이지 말고 현재에 집중하라는 지혜를 나타낸 관용어랍니다.

2

February

Friends and Love

Forgive and forget
용서하고 잊다

I'm still mad at my cousin for breaking my model airplane.
사촌이 내 모형 비행기를 부숴서 아직도 화가 나.

Try to **forgive and forget**.
It was an accident and he apologized.
용서하고 잊어버리려 해 봐. 실수였고 사과도 했잖아.

비슷한 말

- **Let it go**
  놓아주다
- **Make peace**
  화해하다
- **Move on**
  앞으로 나아가다

어디에서 온 말?

forgive는 "용서하다", forget은 "잊다"를 뜻해요. 성경에서 유래한 이 표현은 누군가를 용서하려면 그 일을 마음에서 완전히 지워 버려야 한다는 뜻이 있어요. 용서는 자신의 마음을 편안하게 하기 위한 것이라는 지혜를 잘 보여 준답니다.

Break the ice
어색한 분위기를 깨다

It's so quiet at this party.
Nobody is talking.
이 파티는 너무 조용해. 아무도 말을 안 하고 있어.

Why don't you break the ice by
introducing yourself?
네가 자기소개를 해서 어색한 분위기를 깨면 어때?

- **Make the first move**
  첫발을 내딛다
- **Open up**
  마음을 열다
- **Take the initiative**
  주도권을 잡다

배가 얼어붙은 강을 지나갈 수 있도록 얼음을 깨트리던 데에서 비롯한 표현이에요. 처음 만난 친구와 어색할 때 누군가 먼저 말을 꺼내면 금세 분위기가 부드러워지죠? 이 표현은 어색하고 차가운 분위기를 깨트린다는 뜻이랍니다. 얼음을 깨는 배는 '쇄빙선(icebreaker)'이라고 불러요.

Bring to the table
기여하다, 도움이 되는 것을 주다

비슷한 말

- **Add value**
  가치를 더하다
- **Contribute**
  이바지하다
- **Share your strengths**
  장점을 나누다

어디에서 온 말?

이 표현에서 table은 회의 테이블을 가리켜요. 회의에서 자신만의 아이디어나 능력을 테이블 위에 가져와서 나눈다는 의미이지요. 1960년대 미국의 회사에서 회의 때 "서로 가진 것을 내놓다"라는 의미가 지금은 팀이나 친구 사이에서 어떤 기여나 도움을 주는 것으로 바뀌었어요.

February
2nd

Hit it off
죽이 맞다, 금세 친해지다

어디에서 온 말?

처음 본 친구였는데 금방 마음이 통한 적 있나요? 그럴 때 이 표현을 써요. 옛날 영어에서 hit은 "치다"가 아니라 "만나다"라는 뜻이었어요. "잘 맞다"라는 뜻의 hit it이 1780년대부터 hit it off로 바뀌어 쓰이기 시작했답니다.

What goes around comes around
돌고 도는 것이다

- **Karma**
  업보

- **What you give is what you get**
  주는 대로 받는다

돌아가는 원형 바퀴에서 비롯한 표현이에요. 바퀴가 한 바퀴 돌면 원래 자리로 돌아오듯, 우리가 한 행동도 자신에게 돌아온다는 뜻이에요. 좋은 일을 하면 좋은 일이, 나쁜 일을 하면 나쁜 일이 돌아온다는 법칙을 담고 있어요.

Why should I be nice to Jina?
She was mean to me last week.
왜 지나에게 친절해야 해? 지난주에 나한테 못되게 굴었는데.

What goes around comes around.
Be kind and it will come back.
친절은 돌고 도는 거야. 친절하게 하면 너에게도 돌아올 거야.

Get along
잘 지내다

Do you **get along** with your best friend?
가장 친한 친구와 잘 지내고 있어?

Yes, we get along really well.
We have a lot in common.
응, 우리는 정말 잘 지내. 공통점이 많아.

비슷한 말

- **Be on good terms**
  좋은 관계를 유지하다

- **Get on well**
  잘 지내다

- **See eye to eye**
  의견을 같이하다

어디에서 온 말?

along은 '나란히, ~와 함께'라는 뜻이에요. 누군가와 마음을 맞추어 같은 방향으로 나란히 걸어가는 모습을 떠올려 보세요. 사이좋게 지내야 나아갈 수 있겠죠? 그래서 이 표현은 사이좋게 지내다라는 뜻이 되었어요.

Be in good hands
잘 보살핌을 받다, 관리되다

- **In safe keeping**
  안전하게 보관된
- **Properly looked after**
  제대로 보살핌받는
- **Well taken care of**
  잘 관리되는

good hands는 '좋은 손'이라는 뜻이에요. 능숙하고 믿을 수 있는 사람이 돌봐 줌을 가리킨답니다. 의사의 손이 환자를 치료하고 요리사의 손이 맛있는 음식을 만들듯, 안심을 나타내는 표현이에요.

I'm worried about leaving my pet rabbit while we visit my grandparents.
할머니 할아버지 댁에 가는 동안 애완 토끼를 맡기는 게 걱정돼.

Don't worry.
Your rabbit will **be in good hands**.
걱정 마. 네 토끼는 잘 보살핌을 받을 거야.

Make friends with
~와 친구가 되다

비슷한 말

- **Bond with someone**
  ~와 유대감을 이루다
- **Strike up a friendship**
  우정을 쌓다
- **Warm up to someone**
  ~에게 마음을 열다

어디에서 온 말?

영어 문화권에서는 '우정'이 누군가의 노력으로 만들어진다고 생각해요. 이 표현은 시간과 정성을 들여 천천히 가까워지는 과정을 강조하고 있답니다.

Give the benefit of the doubt
좋게 생각하다

Jun didn't invite me to his birthday party.
He must not like me.

준이가 생일 파티에 초대하지 않았어. 나를 싫어하나 봐.

Give him the benefit of the doubt.
Maybe he just forgot.

좋게 생각해 줘. 그냥 깜빡했을 거야.

- **Give a chance**
  기회를 주다
- **Think the best**
  좋게 생각하다
- **Trust their intentions**
  그들의 의도를 믿다

법정에서 비롯한 이 표현은 증거가 분명하지 않을 때 피고인에게 유리하게 하는 해석을 의미했어요. 일상에서는 누군가의 행동이 애매할 때 나쁜 의도보다는 좋은 의도가 있었겠거니 믿어 주는 뜻으로 쓰여요.

Birds of a feather flock together
유유상종

Why do you always play with kids who like art?
왜 항상 미술을 좋아하는 아이들과 놀아?

Birds of a feather flock together!
유유상종이지!

어디에서 온 말?

성격이나 취향이 비슷한 친구들끼리 저절로 모이고 잘 어울린다는 뜻이에요. a feather는 '하나의 깃털'을 가리켜요. 같은 종류의 새들은 모두 똑같은 깃털이 있어서 떼를 지어 다녀요(flock toghther). 이 관용어는 이와 같은 모습에서 비롯했어요.

Steal someone's thunder
공을 가로채다

비슷한 말

- **Beat someone to it**
  먼저 해치우다
- **Steal the spotlight**
  주목을 빼앗다
- **Take credit**
  공로를 가져가다

어디에서 온 말?

18세기 영국의 극작가 존 데니스가 연극에서 천둥소리 효과를 만들었어요. 그런데 다른 극단이 그 아이디어를 먼저 사용하는 바람에 그가 화냈던 일에서 유래한 표현이에요. thunder(천둥)는 관심과 박수를 뜻해요. 누군가의 아이디어나 성과를 다른 사람이 먼저 말해 칭찬받을 때 쓰는 관용어랍니다.

Two peas in a pod
외모나 취향이 쏙 빼닮다

비슷한 말

- **Carbon copy**
  (~과) 닮은 사람
- **Look alike**
  닮은꼴
- **Spitting image**
  판박이

어디에서 온 말?

콩깍지를 열면 안에 크기와 모양이 거의 똑같은 콩들이 있어요. 이처럼 두 사람의 외모나 성격, 생각이 쌍둥이처럼 매우 닮았을 때 사용하기 좋은 표현이에요.

Mind your manners
예의를 지키다

비슷한 말

- **Be polite**
  예의 바르게 행동하다
- **Show respect**
  존중을 보이다
- **Use good manners**
  좋은 매너를 사용하다

어디에서 온 말?

mind는 "신경 쓰다, 주의하다"를 manners는 '예의, 매너'를 의미해요. 18세기 영국의 귀족 사회에서 어린이들에게 바른 행동을 가르칠 때 사용하던 표현이에요. 좋은 예의는 다른 사람을 존중하는 마음에서 나온다는 것을 잘 보여 주는 관용어예요.

Thick as thieves
엄청 친한

Minjun and Emma are always together.
민준이와 엠마는 항상 함께 있어.

Yeah, they're **thick as thieves**.
Best friends since kindergarten.
응, 그들은 엄청 친해. 유치원 때부터 절친이었거든.

- **Best friends**
  절친한 친구들
- **Joined at the hip**
  붙어 다니는
- **Partners in crime**
  한통속인 친구들

둘이 늘 붙어 다닐 만큼 친할 때 이 표현을 써요. 여기에서 thick는 "두껍다"가 아닌 "친밀하다"라는 뜻이에요. 도둑들이 완전 범죄를 위해 서로 비밀을 지키며 가까이 지냈던 데에서 비롯한 표현이에요. 비밀을 나누고 완전히 믿어야 하는 두터운 친구 사이를 잘 나타내고 있어요.

Look up to someone
존경하다

Why do you always listen to your older cousin's advice?
왜 항상 네 사촌 형 조언을 들어?

I **look up to him** because he's always helped me make good decisions.
늘 좋은 결정을 내리도록 도와줘서 존경해.

어디에서 온 말?

look up은 글자 그대로 "위를 올려 다보다"라는 뜻이에요. 누군가를 존경하고 본받고 싶어할 때 사용하는 표현이에요. 그 사람의 좋은 점들을 배우고 싶어 하는 마음을 담은 따뜻함이 녹아 있어요.

Let the cat out of the bag
비밀을 실수로 말하다

비슷한 말

- **Spill the beans**
  무심코 말해 버리다
- **Tell a secret**
  비밀을 말하다

어디에서 온 말?

18세기 영국 시장에서 상인들은 돼지를 자루에 넣어 팔았어요. 이 가운데 일부 상인들이 돼지 대신 고양이를 넣고 속여 팔았어요. 자루에서 고양이가 나오면 거짓말이 들통나 버렸죠. 이후 감춰 온 비밀이나 진실이 밝혀질 때 이 표현을 쓰게 되었답니다.

Spread kindness
친절을 퍼트리다

비슷한 말

- **Be kind everywhere**
  어디서나 친절하다
- **Share kindness**
  친절을 나누다
- **Show kindness**
  친절을 보이다

어디에서 온 말?

작은 친절이 널리 퍼져서 세상을 더 좋게 한다는 희망을 담은 표현이에요. spread는 "퍼트리다, 넓히다"를 뜻해요. 친절을 한곳에만 두지 말고 여러 곳으로 퍼트려야 한다는 의미가 잘 드러나 있어요.

Have someone's back
~의 편이다, ~의 편을 들어주다

I'm worried about my presentation tomorrow.
내일 발표가 걱정돼.

Don't worry. I **have your back**.
걱정 마. 난 네 편이야.

비슷한 말

- **Be there for someone**
  힘이 되어 주다
- **Stand up for someone**
  누군가를 위해 나서다
- **Support someone**
  누군가를 지지하다

어디에서 온 말?

친구가 어려울 때 "걱정 마, 내가 있잖아!"라고 말해 준 적 있나요? 이 표현은 전쟁터에서 가장 앞에서 싸우는 사람의 등을 지켜 주던 데에서 비롯했어요. back(등 뒤)은 스스로 보거나 지킬 수 없는 가장 위험한 곳이기 때문이에요. 어려운 상황에서 누군가를 지지하고 보호한다는 뜻으로 이 관용어를 쓴답니다.

Kill them with kindness
친절로 상대를 이기다

The grumpy store owner never smiles at customers.
심술궂은 가게 주인은 손님들에게 절대 웃지 않아.

Let's **kill them with kindness**.
Maybe they just need someone to be nice.
친절하게 대해 주자. 누군가 따뜻하게 대해 주기를 원할 거야.

비슷한 말

- **Be extra nice**
  더욱 친절하게 대하다
- **Show kindness**
  친절을 보이다
- **Win them over**
  마음을 얻다

어디에서 온 말?

'kill'이라는 강한 단어가 들어가지만 아주 긍정적인 뜻의 표현이에요. 적대적인 사람에게도 친절하게 대해서 마음을 바꾸게 한다는 뜻이거든요. 친절이 가장 강한 무기임을 잘 보여 주는 관용어예요.

Have a falling out
사이가 틀어지다

Why don't Yuna and Ben talk anymore?
왜 유나와 벤은 더 이상 말을 안 해?

They **had a falling out** last week.
지난주에 사이가 틀어졌어.

- **Be at odds**
  사이가 나쁘다
- **Drift apart**
  서서히 멀어지다
- **Have a disagreement**
  의견이 다르다

친구랑 크게 다투고 마음이 멀어졌을 때 이 표현을 써요. fall은 "떨어지다", out은 "밖으로"라는 뜻이에요. 함께 걷다가 누군가 뒤처져서 밖으로 떨어져 나가면 관계가 멀어진다는 데에서 생긴 관용어예요. 지금은 친구들끼리 사이가 틀어졌을 때 이 표현을 쓴답니다.

Don't judge a book by its cover
겉모습으로 판단하지 마라

That new volunteer at the soup kitchen looks really young.
무료 급식소의 새 봉사자가 정말 어려 보여.

Don't judge a book by its cover. She might have lots of experience.
겉모습으로 판단하지 마. 경험이 많을지도 몰라.

- **Appearances can be deceiving**
  겉모습은 속일 수 있다
- **Beauty is on the inside**
  아름다움은 내면에 있다
- **Look deeper**
  더 깊이 보다

책의 표지만 보고 내용을 짐작하면 안 되듯, 사람도 겉으로 보이는 외모만으로 판단하면 안 된다는 지혜를 담고 있어요. 진정한 가치는 겉이 아닌 속에 있다는 뜻이랍니다.

Give someone the cold shoulder
차갑게 대하다

Why is Lisa ignoring me today?
리사가 오늘 왜 나를 무시하지?

Maybe you hurt her feelings.
She's **giving you the cold shoulder**.
아마 네가 그 애 마음을 상하게 했나 봐. 차갑게 대하고 있어.

- **Give someone the silent treatment**
  말을 걸지 않다

- **Ignore someone**
  ~를 무시하다

- **Turn your back on someone**
  ~를 외면하다

이 표현은 마음이 상했거나 친하게 지내고 싶지 않아서 누군가를 일부러 차갑게 대한다는 뜻이에요. 차가운 어깨를 돌린다는 이미지는 상대를 따뜻하게 맞이하지 않는다는 모습에서 비롯했어요. 친구가 퉁명스럽게 굴거나 대화를 피할 때 이 관용어를 쓴답니다.

Put up with
참다

My little sister keeps making noise
while I'm studying.
공부하는 동안 여동생이 계속 시끄럽게 해.

You have to put up with it.
She's just excited about her new toy.
참아야 해. 새 장난감 때문에 신이 난 거야.

어디에서 온 말?

put up은 "~을 올려놓다"라는 뜻이 있어요. 이 뜻을 바탕으로 불편한 것을 높은 선반에 올려두듯 마음에 담아 두고 견딘다는 관용어가 되었지요. 가족이나 친구와 함께 살면서 필요한 인내심을 잘 나타내는 표현이에요.

Bury the hatchet
화해하다

Are you still upset with Jake?
아직도 제이크한테 화나 있어?

No, we buried the hatchet yesterday.
아니, 어제 화해했어.

비슷한 말

- **Forgive and forget**
  깨끗이 잊다
- **Make peace**
  화해하다

어디에서 온 말?

이 표현은 북미 원주민들의 평화 의식에서 유래했어요. 부족들은 전쟁이 끝나면 무기로 썼던 도끼(hatchet)를 땅에 묻으면서 평화를 약속했다고 해요. 이후 과거의 싸움이나 갈등을 풀고 사이좋게 지내기로 한다는 뜻이 되었어요. 친구와 화해하고 다시 친해지고 싶을 때 쓰기 좋은 표현이에요.

Have a heart
인정을 베풀어

I don't want to share my lunch with Min who forgot his money.
돈을 깜빡한 민이와 점심을 나눠 먹고 싶지 않아.

Have a heart. He must be really hungry right now.
인정을 베풀어. 지금 정말 배고플 거야.

- **Be compassionate**
  동정심을 가지다
- **Have sympathy**
  동정심을 가지다
- **Show mercy**
  자비를 보이다

어디에서 온 말?

이 표현은 "마음이 없어?"라는 뜻이에요. 고대부터 사람들은 심장(heart)이 사랑과 감정의 중심이라고 여겼어요. 정이 없거나 차가운 사람에게 동정심을 가지라고 할 때 이 관용어를 쓴답니다.

Kiss and make up
화해하다

Are you still mad at me for forgetting your birthday?
내가 네 생일을 잊어버려서 아직도 화났어?

No, let's just kiss and make up. It's not worth fighting over.
아니, 그냥 화해하자. 그것 때문에 싸울 가치가 없어.

비슷한 말

- **Make up**
  화해하다

- **Patch things up**
  관계를 회복하다

- **Say sorry**
  미안하다고 하다

어디에서 온 말?

1900년대 중반에 쓰이던 이 표현은 1400년대부터 사용된 kiss and be friends를 대신한 말이에요. kiss가 화해와 애정을 상징한다는 생각에서 비롯한 표현이지요. 지금은 키스 없이도 다툰 뒤 화해한다는 뜻으로 사용해요.

Look out for others
다른 사람들을 챙기다

Should I tell the teacher that Jake forgot his winter coat?

제이크가 겨울 코트를 깜빡했다고 선생님께 말해야 할까?

Yes, we should look out for others, especially in cold weather.

응, 특히 추운 날씨에는 다른 사람들을 챙겨야 해.

- **Keep an eye on**
  주의 깊게 보다
- **Take care of others**
  다른 사람들을 돌보다
- **Watch over**
  지켜보다

이 표현은 배에서 망을 보는 사람이 위험을 미리 발견하던 데에서 비롯했어요. 망보는 사람이 다른 승객들을 보호하듯 주변 사람들을 지켜보고 챙겨 준다는 책임감을 나타내고 있답니다.

Head over heels
완전히 빠지다

비슷한 말

- **Crazy about someone**
  ~에게 미치다

- **Fall for someone**
  ~에게 반하다

- **Have a crush on someone**
  ~를 짝사랑하다

어디에서 온 말?

이 표현은 '머리가 발꿈치 위로'라는 뜻처럼 뒤집어진 상태를 말해요. 원래는 물구나무를 서거나 굴러 넘어지는 동작을 뜻했지만 나중에 사랑에 빠져서 세상이 뒤바뀐 것 같은 어지러운 감정을 표현할 때 쓰게 되었어요. 누군가에게 완전히 반했을 때 쓰곤 해요.

Pay it forward
선행을 이어 가다

Thank you for helping me with my homework this week.
이번 주 숙제 도와줘서 고마워.

Don't thank me. Just **pay it forward** when someone else needs help.
고마워하지 마. 누군가 도움이 필요할 때 선행을 이어 가면 돼.

비슷한 말

- **Keep the chain going**
  흐름을 이어 가다
- **Pass on goodness**
  좋은 일을 전하다
- **Spread kindness**
  친절을 퍼트리다

어디에서 온 말?

이 표현은 1916년 한 소설에서 "You don't pay love back; you pay it forward"라는 구절로 처음 등장했고, 2000년에 영화로 널리 퍼졌어요. 받은 친절을 그대로 사람에게 갚지 않고 누군가에게 배려를 베풀어 선한 영향력을 퍼트린다는 뜻이에요.

Love at first sight
첫눈에 반하다

When did you start liking that book?
언제부터 그 책을 좋아하기 시작했어?

It was **love at first sight**
when I saw the cover.
표지를 본 순간 첫눈에 반했어.

비슷한 말

- **Fall for someone instantly**
  즉시 누군가에게 반하다

어디에서 온 말?

누군가를 처음 본 순간 마음을 단번에 빼앗긴다는 뜻이에요. 이 표현은 고대 신화의 큐피드가 사랑의 화살을 쏘면 단번에 사랑에 빠진다는 이야기에서 유래했어요. 그래서 처음 본 사람에게 마음을 빼앗겼을 때 쓰는 말이에요.

Put yourself in someone's shoes
다른 사람의 입장이 되다

Why is Emma crying in the corner?
엠마는 왜 구석에서 울고 있어?

Her pet hamster died yesterday.
Put yourself in her shoes.
어제 애완 햄스터가 죽었어. 그 애 입장이 되어 봐.

- **See from their perspective**
그들의 관점에서 보다

- **Show empathy**
공감을 나타내다

- **Understand their feelings**
그들의 감정을 이해하다

다른 사람의 신발을 신어 보라는 표현이 재미있죠? 신발은 그 사람만이 걸어 온 길과 경험을 가리켜요. 내게 맞지 않는 다른 사람의 신발을 신어 본다면 그 사람의 입장에서 생각해 볼 수 있어요. 이 관용어는 12세기부터 쓰인 오래된 지혜랍니다.

Match made in heaven
천생연분

Those lovers think exactly alike.
저 연인은 생각이 똑같아.

They're a **match made in heaven**.
정말 천생연분이지.

비슷한 말

- **Meant for each other**
  서로를 위해 태어난
- **Perfect couple**
  완벽한 커플
- **Soul mates**
  영혼의 단짝

어디에서 온 말?

서로 잘 맞는 친구나 커플을 '천생연분'이라고 해요. 16세기 유럽에서는 결혼 상대가 신의 뜻에 따라 정해진다고 믿었어요. 이 믿음에서 두 사람이 축복받은 인연임을 나타내는 표현이 비롯했어요.

Elephant in the room
(껄끄럽고) 말하기 어려운 문제

비슷한 말

- **Avoid the topic**
  주제를 피하다
- **The awkward truth**
  어색한 진실
- **Unspoken problem**
  말하지 않는 문제

어디에서 온 말?

모두가 방에 있는 코끼리를 보고 있지만 너무 크고 불편하여 아무도 말하지 않는 상황에서 비롯한 표현이에요. 가족이나 친구들 사이에서도 모두가 잘 아는 불편한 주제를 누구도 먼저 꺼내지 않을 때 쓰기 좋은 관용어랍니다.

Through thick and thin
좋을 때나 힘들 때나

비슷한 말

- **For better or worse**
더 좋든 더 나쁘든

- **In good times and bad**
좋을 때나 나쁠 때나

- **Stick together**
함께 뭉치다

어디에서 온 말?

14세기부터 쓰인 이 표현은 원래 "두꺼운 숲과 얇은 숲을 통과하다"라는 뜻이었어요. 여행자가 울창한 숲(thick)과 성긴 숲(thin)을 모두 지나듯, 삶에서 어렵거나 쉬운 때를 모두 견딘다는 뜻이에요. 오랜 우정처럼 변함없는 관계를 나타낼 때 쓰기 좋은 관용어예요.

Give someone a heads-up
미리 알려 주다

비슷한 말

- **Give advance notice**
  미리 알리다
- **Let someone know**
  ~에게 알려 주다
- **Warn in advance**
  미리 경고하다

어디에서 온 말?

위험한 물건이 날아올 때 "머리 조심해!"라는 외침에서 'heads-up' 이라는 표현이 비롯했어요. 지금은 누군가에게 미리 정보를 알려 주어서 준비할 수 있게 도와준다는 배려의 표현으로 쓴답니다.

Stand by someone
곁에 있어 주다

- **Back someone up**
  ~를 지지하다
- **Be there for someone**
  ~에게 힘이 되어 주다
- **Support someone**
  ~를 지지하다

stand by는 무슨 일이 있어도 친구의 곁을 든든하게 지켜 주는 걸 나타내요. 힘이 되어 줄 때 쓰기 좋아요. 전투 중에 도망가지 않고 제자리를 지키며 서로의 곁에 서 있는 군사들의 모습에서 비롯한 표현이지요. 지금은 어려운 때도 떠나지 않고 든든히 지켜 주는 태도를 뜻해요.

I'm nervous about my piano recital tomorrow.
내일 피아노 발표회가 걱정돼.

I'll always **stand by you**, no matter what happens.
무슨 일이 있어도 나는 항상 곁에 있을 거야.

Treat others as you want to be treated
대우받고 싶은 대로 대하다

Why are you nice to the new student who doesn't speak Korean well?
한국말을 잘 못하는 새 학생에게 왜 친절해?

I treat others as I want to be treated.
나는 대우받고 싶은 대로 다른 사람들을 대해.

비슷한 말

- **Be kind to others**
  다른 사람에게 친절하다
- **Golden Rule**
  황금률
- **Show respect**
  존중을 보이다

어디에서 온 말?

이 표현에는 가장 중요한 인생 규칙이 담겨 있어요. 남을 어떻게 대하느냐에 따라 내가 받는 대우도 달라져요. 거의 모든 나라와 종교에서 이와 비슷한 가르침이 있을 만큼 두루 통하는 지혜랍니다.

Shoulder to cry on
기댈 수 있는 사람

Thank you for listening to my problems last night.
어젯밤에 내 이야기를 들어줘서 고마워.

That's what friends are for.
I'm always a **shoulder to cry on**.
그게 친구잖아. 언제든 네가 기댈 수 있는 사람이 되어 줄게.

비슷한 말

- **Be a good listener**
  고민을 들어주다

- **Lend an ear**
  귀를 기울이다

- **Offer emotional support**
  정서적으로 위로해 주다

어디에서 온 말?

슬플 때 다른 사람의 어깨에 기대어 우는 모습에서 비롯한 표현이에요. 힘든 시기에 의지해 위로해 수 있는 사람을 가리켜요. 좋은 친구가 보내는 정서적 지지를 나타낼 때 자주 쓰는 따뜻한 표현이랍니다.

비슷한 말

- **Lucky break**
운 좋은 일
- **Phew**
휴
- **What a relief**
정말 다행이야

어디에서 온 말?

goodness는 '선함, 좋은 것'을 뜻해요. 원래는 "Thank God"라는 표현에서 종교적 색깔을 빼고 누구나 쓸 수 있도록 '좋은 것들'이라는 goodness로 바뀌었어요. 세상의 모든 좋은 기운에게 감사한다는 뜻이랍니다.

Rock someone's world
~의 삶을 완전히 뒤흔들다

Meeting you has completely changed how I see things.
너를 만나고 나서 세상을 바라보는 눈이 완전히 달라졌어.

You've **rocked my world** too.
나도 마찬가지야. 네가 내 삶을 완전히 뒤흔들었어.

비슷한 말

- **Blow someone away**
  깜짝 놀라게 하다
- **Turn someone's world upside down**
  ~의 세상을 뒤집어 놓다

어디에서 온 말?

'흔들다'라는 뜻의 rock은 지진이 땅을 흔들듯 누군가의 마음을 크게 뒤흔든다는 데에서 비롯한 단어예요. 새로운 사람을 만나거나 특별한 경험을 했을 때 세상이 완전히 바뀐 듯한 느낌일 때 사용하는 표현이에요.

It's the thought that counts
마음이 (더) 값지다

I only made a simple card for Teacher's Day.
스승의 날에 간단한 카드만 만들었어.

It's the thought that counts. Your teacher will love it.
마음이 값진 거야. 선생님이 좋아하실 거야.

어디에서 온 말?

thought는 '생각, 마음'을 뜻해요. 이 표현은 비싸거나 화려한 선물보다 상대를 생각하는 진심이 더 소중하다는 지혜를 보여 줘요. 선물의 가격이 아니라 마음의 가치를 강조하는 관용어로 20세기 초부터 쓰였답니다.

Green-eyed monster
질투

비슷한 말

- **Eat your heart out**
  질투심에 애타다
- **Green with envy**
  몹시 샘이 나는
- **Turn green**
  질투로 얼굴이 새파래지다

어디에서 온 말?

영국의 대문호 셰익스피어가 희곡 『오셀로』에서 "질투는 녹색 눈의 괴물"이라고 한 데에서 유래한 표현이에요. 질투하는 사람은 얼굴이 창백해져서 녹색 빛이 돈다고 여겨 녹색 눈의 괴물에 빗대곤 했어요.

I helped you carry all these heavy books to the library.
내가 이 무거운 책들을 모두 도서관까지 옮기는 걸 도와줬어.

I owe you one. I'll help you with your science project next week.
신세 졌어. 다음 주에 네 과학 프로젝트 도와줄게.

비슷한 말

- **I'll return the favor**
  은혜를 갚을게
- **I'm in your debt**
  네게 빚졌어
- **Thanks for having my back**
  도와줘서 고마워

어디에서 온 말?

"빚지다"라는 뜻의 owe가 들어 있는 이 표현은 누군가의 친절에 빚을 진 것처럼 느낀다는 뜻이 있어요. 나중에 그 사람의 도움이 필요할 때 도와주겠다는 약속을 담은 따뜻한 말이랍니다.

Black sheep
문제아, 골칫덩어리

비슷한 말

- **Bad apple**
  문제를 일으키는 사람
- **Odd one out**
  튀는 사람
- **Troublemaker**
  말썽꾸러기

어디에서 온 말?

이 표현은 양 목축업에서 유래했어요. 목동들은 검은 양을 좋아하지 않았어요. 검은 양의 털은 염색이 어려워 팔아도 값을 제대로 받을 수 없었거든요. 이후로 무리에서 유난히 튀거나 말썽꾸러기가 있다면 'black sheep'이라고 불러요.

Pitch in
함께 힘을 모으다

- **Chip in**
  기여하다
- **Do your part**
  자신의 몫을 하다

어디에서 온 말?

pitch in은 1800년대 미국에서 생긴 표현이에요. 원래 "던지다, 보태다"라는 뜻의 야구 단어 pitch에서 출발했지요. 여러 명이 힘을 합쳐서 같은 목표를 위해 노력한다는 뜻이에요. 지금도 모둠 활동이나 봉사 등에서 "나도 거들겠다!"라는 느낌으로 자주 쓰여요.

The charity sale is tomorrow, and there's still a lot to prepare.
내일이 바자회인데, 준비할 게 많아.

I'll **pitch in** and help with setting up the tables.
내가 도와서 테이블 설치를 할게.

A friend in need is a friend indeed
어려울 때 돕는 친구가 진정한 친구

When I was sick, only Jane came to help me.
내가 아팠을 때, 제인만 나를 도우러 왔어.

A friend in need is a friend indeed. She's a true friend.
어려울 때 돕는 친구가 진정한 친구야. 그녀는 진짜 친구야.

비슷한 말

- **Real friends help**
  진짜 친구는 도와준다
- **Stand by your side**
  곁을 지켜 주다
- **True friendship**
  진정한 우정

어디에서 온 말?

고대 로마 시대의 작가 에니우스가 "진실한 친구는 곤경에서 가려진다"라고 한 라틴어에서 생긴 표현이에요. "도움이 필요한 친구가 진짜 친구다, 어려울 때 도와주는 친구가 진짜 친구다"라는 두 가지 해석이 있어요. 오늘날에는 주로 후자의 의미로 사용해요.

Thank you from the bottom of my heart
진심으로 감사하다

The librarian helped me find all the books I needed for my project.
사서 선생님이 프로젝트에 필요한 책들을 모두 찾아주셨어.

You should tell her "**Thank you from the bottom of my heart**."
선생님께 "진심으로 감사합니다"라고 말씀드려야겠네.

- **Deeply grateful**
  깊이 감사한
- **From the heart**
  마음에서 우러나는
- **Truly appreciate**
  진심으로 감사하다

마음의 가장 깊은 곳에서 우러나는 진정한 감사를 나타낼 때 사용하는 표현이에요. 단순한 "Thank you" 보다 훨씬 깊고 진실한 고마움을 전달한답니다.

Fair-weather friend
형편이 좋을 때만 친구

비슷한 말

- **Fake friend**
  가짜 친구
- **False friend**
  거짓 친구
- **Leave you high and dry**
  곤란할 때 버려 두다

어디에서 온 말?

항해에서 유래한 표현이에요. 좋은 날씨(fair weather)에만 항해하고 폭풍우가 오면 피하는 선원처럼 좋은 시기에만 주변에 있고 어려움이 닥치면 사라지는 친구를 뜻해요. 셰익스피어 시대부터 쓰인 이 표현은 진정한 우정이란 무엇인지 생각하게 해 줘요.

Thank your lucky stars
운이 좋다고 감사하다

비슷한 말

- **Lucky me**
  나는 운이 좋아

- **Thank goodness**
  다행이다

- **What a relief**
  정말 다행이다

어디에서 온 말?

별에게 감사한다는 게 신기하죠? 옛날 사람들은 별자리가 운명을 정한다고 믿었어요. 좋은 일이 생기면 운 좋은 별들 덕분이라고 생각해서 별들에게 고마워했답니다. 지금은 위험에서 벗어나거나 뜻밖의 좋은 일이 생겼을 때 쓰는 표현이에요.

You can say that again
완전 동감이야, 맞는 말이야

Pizza is the best food ever.
피자가 세상에서 제일 맛있어.

You can say that again.
완전 동감이야.

비슷한 말

- **Absolutely right**
  완전히 맞다
- **Couldn't agree more**
  전적으로 동의하다
- **I totally agree**
  완전히 동의해

어디에서 온 말?

누군가 한 말에 완전히 동의할 때 쓰는 표현이에요. 글자 그대로 다시 말해 달라는 게 아니라 백 번 들어도 맞는 말이라는 뜻이지요. 상대방의 의견에 보이는 강한 긍정의 표현이랍니다.

November 1st

Count your blessings
감사할 것들을 세어 보다

I'm sad because I didn't get the new video game I wanted.
원하던 새 비디오 게임을 못 사서 슬퍼.

Count your blessings. You have a warm home and loving family.
감사할 것들을 세어 봐. 따뜻한 집과 사랑하는 가족이 있잖아.

Quality over quantity
양보다 질

비슷한 말

- **Depth over breadth**
  넓이보다 깊이
- **Less is more**
  적은 것이 더 많은 것
- **Meaningful connection**
  의미 있는 관계

어디에서 온 말?

이 표현은 고대 로마의 철학자 세네카(Seneca)의 "우정의 질을 높이는 것이 우정의 수를 늘리는 것보다 낫다"라는 가르침에서 유래했어요. 라틴어 격언 "Non multa sed multum(많은 것이 아니라 깊이 있는 것)"이 이 표현의 시작이에요.

11
November

Thanks and Care

Go the extra mile
더 (많이) 노력하다

비슷한 말

- **Do your best**
  최선을 다하다
- **Go above and beyond**
  기대 이상으로 하다
- **Try really hard**
  정말 열심히 노력하다

어디에서 온 말?

마태복음 "누가 너로 억지로 1마일을 가게 하거든 그 사람과 함께 2마일을 가라"라는 구절에서 왔어요. 로마 군인들은 사람들에게 짐을 지워 1마일을 걷게 할 수 있었는데요. 예수님은 2마일을 함께 가라고 하셨어요. 누군가를 위해 기대 이상으로 노력할 때, 친구에게 특별히 힘써 줬을 때 쓰기 좋은 표현이죠.

Embrace change
변화를 받아들이다

Everything feels different
since my baby brother was born.
남동생이 태어난 후로 모든 게 다르게 느껴져.

Learn to embrace change
and find new adventures.
변화를 받아들이고 새로운 도전을 찾는 법을 배워.

비슷한 말

- **Accept with open arms**
  열린 마음으로 받아들이다

- **Open to new experiences**
  새로운 경험에 열려 있다

- **Welcome change**
  변화를 환영하다

어디에서 온 말?

embrace는 원래 "포옹하다"라는 뜻이에요. 변화를 무서워하거나 거부하지 말고 친구를 반갑게 안아 주듯 따뜻하게 맞이하라는 의미예요. 안아 줄 때 팔을 벌려 상대를 감싸듯 마음을 열고 변화를 온전히 받아들이는 아름다운 표현이랍니다.

Clear the air
오해를 풀다

비슷한 말

- **Set the record straight**
  오해를 바로잡다
- **Sort things out**
  문제를 해결하다
- **Talk it out**
  대화로 해결하다

어디에서 온 말?

실내 공기가 답답하거나 깨끗하지 못할 때 창문을 열어 산뜻한 바람을 들이는 데에서 유래한 표현이에요. 사람들 사이에 쌓인 오해, 불편한 감정, 또는 긴장된 분위기를 솔직하게 대화해 풀고, 관계를 상쾌하게 되돌린다는 뜻으로 쓰여요.

October
30th

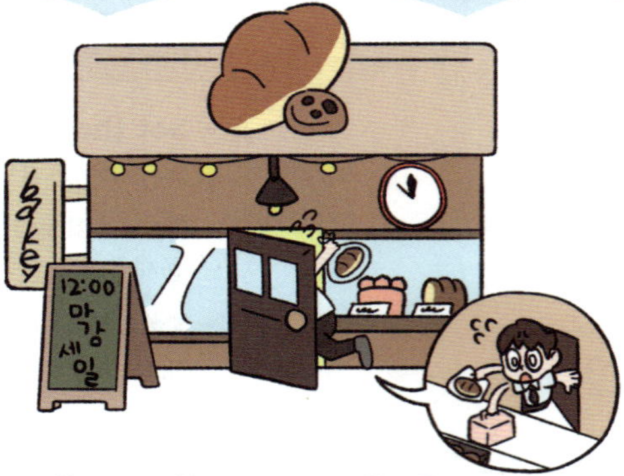

The eleventh hour
막판에, 마지막 순간

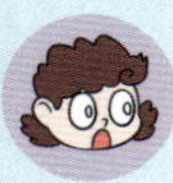

When did you finish reading for your book report?
감상문용 책을 언제 다 읽었어?

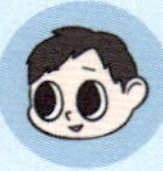

At **the eleventh hour**, just last night.
막판에, 바로 어젯밤에 겨우.

비슷한 말

- **Down to the wire**
  막판까지
- **Just in time**
  간발의 차이로
- **Last minute**
  마지막 순간

어디에서 온 말?

성경의 마태복음에서 비롯한 표현이에요. 포도원에서 하루 내내 일한 사람과 마지막 시간인 11시에 와서 일한 사람이 같은 품삯을 받는다는 이야기가 유래랍니다. 시계가 12시를 가리키기 바로 전 시간인 11시처럼 '마지막 순간'이라는 뜻을 담고 있어요.

Lasting friendship
영원한 우정

We've been friends since elementary school.
우리는 초등학교 때부터 친구였어.

That's what I call a **lasting friendship**.
Not many people have that.
그걸 바로 영원한 우정이라고 해. 많은 사람이 갖기 어려운 거지.

비슷한 말

- **Childhood friends**
  죽마고우
- **Longtime bond**
  오랜 우정, 오래된 유대감
- **Old friends**
  오랜 친구들

어디에서 온 말?

'오래 계속되는'이라는 뜻의 lasting 은 어린 시절부터 쭉 이어진 오랜 친구 사이를 말해요. 세월이 흘러도 변하지 않는 깊고 진실한 우정을 나타 낸답니다.

Jump on the bandwagon
유행을 따르다

Everyone in my class is reading the same book series.
우리 반 애들이 모두 같은 책 시리즈를 읽고 있어.

Maybe you should jump on the bandwagon and try it.
너도 유행을 따라서 읽어 보는 게 어때.

비슷한 말

- **Follow the trend**
  유행을 따르다
- **Go with the crowd**
  대중을 따르다
- **Join in**
  함께 참여하다

어디에서 온 말?

19세기의 미국 서커스단에서 비롯한 표현이에요. 마을에 도착한 서커스단의 밴드왜건(악대차)은 음악을 연주하며 행진했어요. 사람들은 이 차에 뛰어올라 함께 즐겼어요. 그래서 "인기 있는 일에 함께 참여한다"라는 뜻을 담고 있답니다.

3

March

School Life

Easy does it
조심해서, 천천히

I'm trying to balance on this skateboard for the first time.
처음으로 스케이트보드 위에서 균형을 잡으려고 해.

Easy does it. Start slowly and you'll get the hang of it.
조심해서 해. 천천히 시작하면 요령을 터득할 거야.

- **Nice and easy**
  부드럽게 천천히
- **Take it slow**
  신중히 하다

무거운 물건을 옮길 때 서로 "천천히, 조심해서 하자"라는 말에서 비롯한 표현이에요. 여기에서 easy는 '쉽게'가 아니라 '부드럽게, 조심스럽게'를 가리켜요. 새로운 것을 배우거나 어려운 일을 할 때 서두르지 말고 차근차근하라는 조언을 담고 있답니다.

First day of school
개학 첫날

I'm nervous about the **first day of school**.
개학 첫날이라 긴장돼.

Don't worry. Everyone feels the same way on their first day of school.
걱정 마. 개학 첫날에는 누구나 비슷한 기분이야.

비슷한 말

- **Back to school**
  개학
- **New school year**
  새 학년
- **Start of term**
  학기 시작

어디에서 온 말?

이 표현은 새 학기가 시작되는 첫날을 뜻해요. 새로운 친구와 선생님을 만나고 새로운 교실에 적응하는 중요한 날이랍니다. 전 세계 어느 나라든 개학 첫날은 학생들에게 설렘과 긴장이 함께하는 특별한 하루예요.

You can't make an omelet without breaking eggs
대가 없이 성취도 없다

- **Good things require effort**
  좋은 것은 노력이 필요하다
- **Sacrifice is necessary**
  희생이 필요하다

16세기 프랑스에서 유래한 표현이에요. 맛있는 오믈렛을 만들려면 반드시 달걀을 깨트려야 하듯 좋은 결과를 얻으려면 어느 정도 대가나 어려움을 받아들여야 한다는 뜻이에요. 나폴레옹도 이 관용어를 자주 사용했다고 알려져 있답니다.

Eager beaver
열심히 하는 사람

Minji always finishes her homework before dinner.
민지는 항상 저녁 먹기 전에 숙제를 끝내.

She's such an eager beaver.
정말 열심히 하는 아이지.

비슷한 말

- **Enthusiastic student**
  열정적인 학생

- **Go-getter**
  적극적인 사람

- **Hard worker**
  열심히 일하는 사람

어디에서 온 말?

뭐든 먼저 나서서 척척 하는 친구가 있나요? 그런 친구를 'eager beaver'라고 불러요. 이 표현은 밤낮으로 부지런히 댐을 쌓는 비버에서 유래했어요. 2차 대전 때 상관에게 좋은 인상을 주려고 열심히 하는 병사들을 가리키는 말로 미군에서 쓰기 시작했어요.

Best of both worlds
두 가지 좋은 점을 다 얻다

Dad's working from home near the beach this month.
아빠가 이번 달에 해변 근처에서 재택근무 하셔.

That's the best of both worlds.
He can work and enjoy the ocean.
좋은 건 다 가졌네. 일도 하고 바다도 즐길 수 있잖아.

- **Have it all**
  다 갖추다
- **Perfect combination**
  완벽한 조합
- **The best possible situation**
  가장 좋은 상황

서로 다른 두 장점을 한 번에 누릴 수 있을 때 쓰는 표현이에요. 19세기의 영국 소설과 일상 대화에서 흔하게 등장했는데 양쪽의 좋은 점만 모두 손에 넣었을 때 쓰곤 해요.

Put on your thinking cap
진지하게(깊게) 생각하다

비슷한 말

- **Put your mind to it**
  마음을 집중하다
- **Think hard**
  열심히 생각하다
- **Use your brain**
  머리를 쓰다

어디에서 온 말?

옛날 영국에서는 'considering cap'이라는 표현이 있었어요. 19세기 초부터 오늘날 자주 쓰는 thinking cap으로 표현했지요. 그런데 이런 모자가 정말 있었던 건 아니에요. 어려운 문제를 해결하기 위해 집중해서 생각하라는 의미를 담은 상상의 모자랍니다.

Have guts
용기가 있다

비슷한 말

- **Be bold**
  대담하다
- **Be brave**
  용감하다
- **Have courage**
  용기가 있다

어디에서 온 말?

guts는 원래 '내장'이라는 뜻이에요. 뱃속에 있는 내장이 강해야 어떤 무서운 일도 견딜 수 있다는 생각에서 비롯한 표현이에요. 1950년대 미국에서 용기를 나타내는 속어로 쓰이기 시작했어요.

Hit the books
열심히 공부하다

비슷한 말

- **Crack the books**
  책을 펼치다
- **Get down to studying**
  공부에 착수하다
- **Start studying**
  공부를 시작하다

어디에서 온 말?

이제 공부 좀 하려 할 때 쓸 수 있는 표현이에요. 이 표현에서 hit은 책을 치거나 때린다는 뜻이 아니라 강하게 집중해서 공부를 시작한다는 뜻이에요. "hit the trail(길을 떠나다)"처럼 hit이 들어간 표현들은 무언가를 적극적으로 시작한다는 뜻이 있어요.

Move on
털고 일어서다, 앞으로 나아가다

I still think about my friends from my old school.
아직도 예전 학교 친구들이 생각나.

It's natural, but you need to **move on** and make new friends.
당연하지만, 털고 일어나서 새 친구를 사귀어야 해.

- **Leave the past behind**
  과거를 뒤로하다
- **Look forward**
  앞을 보다
- **Progress ahead**
  앞으로 진전하다

move on은 글자 그대로 "앞으로 움직이다"를 뜻해요. 1960년대부터 심리학에서 트라우마나 상실감을 극복하는 과정을 설명할 때 사용하기 시작한 표현이에요.

Have one's nose in a book
책에 코를 박다, 책에 푹 빠져 있다

비슷한 말

- **Be a bookworm**
  책벌레, 책을 좋아하는 사람

- **Be lost in a book**
  책 속에 빠져 있다

- **Read nonstop**
  쉬지 않고 읽다

어디에서 온 말?

책에 코가 푹 파묻힌 모습에서 비롯한 표현이에요. 그만큼 아주 몰입해서 책을 읽는 모습을 나타낼 때 사용해요. 책 읽기에 푹 빠진 친구에게 딱 맞는 관용어랍니다.

Eat one's hat
모자를 먹다, 절대 그럴 리 없다

I bet our team will lose tomorrow's game.
내일 경기에서 우리 팀이 질 거야.

If we lose, I'll **eat my hat**!
We're going to win for sure.
우리가 지면 내 모자를 먹겠어! 우리가 확실히 이길 거야.

비슷한 말

- **I'm absolutely sure**
  완전히 확신하다

- **No way**
  절대 안 돼

- **That's impossible**
  그건 불가능해

어디에서 온 말?

실제로 모자를 먹을 수 없다는 점을 재치 있게 활용한 표현이에요. 상대의 예상이나 주장을 믿지 않을 때 절대 그런 일은 일어나지 않는다는 확신을 드러내고자 쓴답니다. 자신의 예측을 굳게 믿을 때의 자신만만함이 잘 드러나 있어요.

Beef up
실력을 늘리다

My math scores are really low.
수학 점수가 정말 낮아.

You need to **beef up** your math skills.
수학 실력을 늘려야겠어.

비슷한 말

- **Brush up on**
  ~을 복습하다

- **Polish skills**
  실력을 다듬다

- **Sharpen abilities**
  능력을 벼리다

어디에서 온 말?

미국에서는 소고기(beef)를 먹으면 힘이 세지고 체력이 늘어난다고 생각했어요. 그래서 beef up이 "실력을 키우다, 강화하다"라는 뜻으로 쓰였죠. 지금은 운동뿐 아니라 공부, 기술, 체력 등 다양한 분야에서 실력을 더 탄탄하게 한다는 뜻으로 폭넓게 쓰여요.

October
22nd

Take five
5분 쉬다

비슷한 말

- **Catch your breath**
  숨을 고르다
- **Rest for a moment**
  잠시 쉬다
- **Take a breather**
  숨을 돌리다

어디에서 온 말?

재즈 연주자들이 연주 중간에 5분 동안 쉬자고 하며 "Take five(다섯을 쉬자)"라고 외쳤던 데에서 비롯한 표현이에요. 지금은 누구나 짧게 휴식할 때 쓸 수 있어요. 어떤 활동이든 잠깐 쉬자는 뜻으로 널리 사용해요.

We've been studying for three hours straight.
세 시간째 계속 공부하고 있어.

Let's take five.
잠깐 쉬자.

Page-turner
손에서 놓을 수 없는 책

비슷한 말

- **Can't put it down**
  손에서 내려놓지 못하다
- **Gripping story**
  감명 깊은 이야기
- **Read it cover to cover**
  처음부터 끝까지 다 읽다

어디에서 온 말?

읽는 내내 궁금해서 책을 놓을 수 없는 이야기가 page-turner예요. 너무 재미있어서 한 번 잡으면 끝까지 읽는 책을 이렇게 부르죠. 1970년대 미국 출판업계에서 쓰이기 시작한 이 표현은 흥미진진한 소설이나 영화를 나타낼 때도 사용해요.

Keep your head above water
(어려움을) 헤쳐 나가다

Piano practice and soccer training are both so demanding.
피아노 연습과 축구 훈련이 둘 다 너무 힘들어.

Just try to **keep your head above water**.
헤쳐 나가려고 노력해 봐.

- **Manage somehow**
  어떻게든 해내다
- **Stay afloat**
  계속 유지하다, 버티다
- **Survive the crisis**
  위기를 넘겨 살아남다

수영할 때 물 위로 머리를 들면 숨을 쉴 수 있어요. 이처럼 코앞에 닥친 수많은 일이나 문제에 완전히 묻히거나 빠지지 않고 버티는 사람을 응원할 때 이 표현을 써요.

Learn the ropes
익숙해지다, 요령이 생기다

It's only my second week at this school.
I still get lost sometimes.
이 학교에 온 지 겨우 2주밖에 안 됐어. 가끔 길을 잃기도 해.

Don't worry,
you'll learn the ropes soon.
걱정 마, 곧 요령이 생길 거야.

비슷한 말

- **Figure things out**
  상황을 파악하다
- **Get the hang of it**
  요령을 터득하다
- **Learn how things work**
  일이 돌아가는 걸 배우다

어디에서 온 말?

항해에서 비롯한 표현이에요. 새로 들어온 선원들은 배에 있는 여러 밧줄(ropes) 다루는 법을 배웠어요. 선원에게 밧줄을 다루는 일은 기본이었기 때문에 요령을 배우는 것을 나타내는 표현이 되었어요. 새 학교나 새 동아리에 처음 들어가서 규칙을 배울 때 쓰기 좋은 표현이에요.

Up to one's neck
여유가 없다

비슷한 말

- **Buried in work**
  일에 묻힌
- **Overwhelmed**
  압도당한
- **Swamped**
  눈코 뜰 새 없이 바쁜

어디에서 온 말?

물이 목까지 차오른 모습에서 유래한 표현이에요. 물에 빠졌을 때 허우적거리며 간신히 숨을 쉰다고 생각해 보세요. 조금의 여유도 부릴 수 없겠죠? 너무 많은 일이나 문제가 밀려와서 빠져나오기 힘들 때 쓰곤 해요.

How's your preparation for the school festival going?
학예회 준비는 어떻게 되고 있어?

I'm **up to my neck** in practice and decorations.
연습과 장식 준비하느라 아주 여유가 없어.

It's all Greek to me
무슨 말인지 하나도 모르겠다

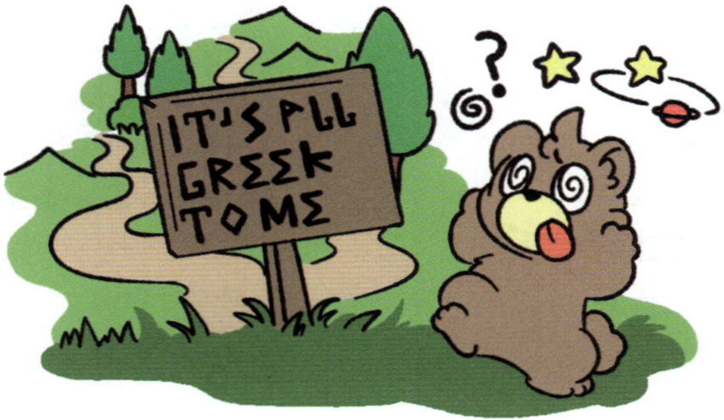

Did you understand the science lesson today?
오늘 과학 수업 이해했어?

Not at all! It's all Greek to me.
아니! 무슨 말인지 하나도 모르겠어.

비슷한 말

- **I don't get it**
  이해가 안 돼
- **It's confusing**
  헷갈리다
- **Over my head**
  내 수준을 넘어서는

어디에서 온 말?

옛날에는 전문가만 그리스어나 라틴어를 읽을 수 있었어요. 그래서 어려운 내용을 보면 "그리스어 같다"라며 이해할 수 없다는 뜻으로 이 표현을 사용했어요. 셰익스피어의 고전 『줄리어스 시저』에서 나와 더 널리 알려진 관용어랍니다.

Blessing in disguise
전화위복

My bike broke, but Dad took me to the amusement park instead.
자전거가 고장 났는데, 아빠가 놀이공원으로 데려가 주셨어.

That sounds like a **blessing in disguise**.
그건 전화위복 같아.

비슷한 말

- **Good comes from bad**
  나쁜 일에서 좋은 일이 오다
- **Hidden blessing**
  숨겨진 축복
- **Silver lining**
  밝은 희망

어디에서 온 말?

18세기 영국의 목사 제임스 허레이가 쓴 "A blessing in disguise(변장한 축복)"에서 처음 알려졌어요. 처음에는 나쁜 일처럼 보이지만 더 좋은 결과로 이어지는 행운을 잘 나타낸 표현이에요.

Class clown
개구쟁이, 장난치는 학생

- **Joker**
  농담하는 사람
- **Prankster**
  장난꾸러기
- **Troublemaker**
  말썽꾸러기

수업 시간에 늘 웃기는 친구가 반에 꼭 한 명쯤 있죠? 이 표현은 서커스의 광대(clown)처럼 친구들을 웃기려고 분위기를 띄우는 장난꾸러기를 가리켜요. 1950년대 미국 학교에서 쓰기 시작한 표현이에요.

비슷한 말

- **Everything passes**
  모든 것은 지나간다

- **Nothing lasts forever**
  영원한 것은 없다

- **Time heals**
  시간이 치유한다

어디에서 온 말?

고대 페르시아에서 전해지는 지혜로운 말이에요. 어떤 왕이 신하에게 좋을 때나 나쁠 때나 늘 기억할 수 있는 말을 부탁하자 "이 또한 지나가리라"라고 답했다는 이야기가 있어요. 모든 상황은 영원하지 않다는 진리를 담고 있답니다.

Teacher's pet
선생님이 아끼는 학생

비슷한 말

- **Brown-noser**
  아부하는 사람
- **Favorite student**
  선생님이 좋아하는 학생
- **Kiss-up**
  아첨꾼

어디에서 온 말?

선생님이 특별히 아끼는 학생을 장난스럽게 'teacher's pet'이라고 불러요. 1856년부터 쓰인 표현이에요. pet은 원래 '반려동물'이라는 뜻이지만 선생님이 특별히 좋아하는 학생을 반려동물처럼 아낀다는 의미에서 이 관용어가 비롯했어요.

Rough patch
어려운 시기

- **Difficult period**
  어려운 기간
- **Hard times**
  힘든 시기
- **Temporary setback**
  일시적인 좌절

patch는 원래 작은 땅을 뜻했어요. 농부들은 밭의 일부가 거칠고 (rough) 작물이 잘 자라지 않는 곳을 'rough patch'라고 불렀어요. 이것이 삶에서 어려운 시기를 나타내는 표현으로 발전했답니다.

Things haven't been going well for me recently.
최근에 일이 잘 안 풀려.

Everyone goes through a rough patch sometimes.
누구나 가끔 어려운 시기를 겪어.

Cut class
수업을 빼먹다

Where were you during history class?
역사 시간에 어디 있었어?

I **cut class** to go to the library.
I had to finish my project.
프로젝트를 마치려고 도서관에 가느라 수업을 빼먹었어.

어디에서 온 말?

1940년대 미국의 고등학교에서 쓰이기 시작한 표현이에요. 학교 시간표에서 특정 수업을 잘라 낼 수 있기에 허락 없이 수업에 참석하지 않는 것을 뜻한답니다.

Add up
말이 되다, 앞뒤가 맞다

Your excuse for being late doesn't add up.
네가 늦은 이유가 앞뒤가 안 맞아.

You're right. I was actually playing games and lost track of time.
맞아. 사실 게임하다가 시간 가는 줄 몰랐어.

비슷한 말

- **Be logical**
  논리적이다

- **Hold water**
  설득력이 있다

- **Make sense**
  이치에 맞다

어디에서 온 말?

수학의 덧셈에서 비롯한 표현이에요. 2+3=5처럼 답이 딱 맞아떨어져야 하듯 이야기나 설명도 앞뒤가 맞을 때 이 관용어를 써요.

In hot water
곤란해지다, 곤경에 빠지다

Why does Junseo look so worried today?
준서가 오늘 왜 그렇게 걱정스러워 보여?

He's in hot water because
he missed his online class again.
온라인 수업을 또 빠져서 곤란해졌거든.

비슷한 말

- **Get into trouble**
문제에 빠지다
- **In deep trouble**
큰 곤경에 처하다
- **On thin ice**
위험한 상황에

어디에서 온 말?

누군가에게 혼나거나 벌을 받을 만큼 곤란한 상황에 놓였을 때 사용하는 표현이에요. 학교에서 규칙을 어기거나 숙제를 안 했을 때 선생님께 혼나는 상황을 묘사하기에 알맞답니다.

Play it by ear
상황 봐 가면서 하다

What's your plan for the festival?
축제 계획이 뭐야?

We'll just **play it by ear**.
그냥 상황 봐 가면서 할 거야.

비슷한 말

- **Be flexible**
  유연하게 대처하다
- **See what happens**
  어떻게 되는지 보다
- **Wing it**
  즉흥적으로 하다

어디에서 온 말?

악보 없이 또는 악보를 보지 않고도 귀(ear)에 들리는 대로 멋을 더해 연주하는 재즈 뮤지션들에게서 시작한 표현이에요. 계획을 미리 세우지 않고 그때그때 유연하게 대처하겠다는 뜻으로 지금도 많이 써요.

By the book
규칙대로, 원칙대로

Can I turn in my homework one day late?
숙제를 하루 늦게 내도 될까?

The teacher always does things
by the book. You'll get in trouble.
선생님은 항상 원칙대로 하셔. 잘못했다간 혼날걸.

비슷한 말

- **Do it properly**
  제대로 하다
- **Follow the rules**
  규칙을 따르다
- **Stick to regulations**
  규정을 지키다

어디에서 온 말?

무엇이든 규칙대로 딱딱 맞추는 것을 가리켜 'by the book'이라는 표현을 써요. 여기에서 book은 규칙이나 지침이 적힌 책을 가리켜요. 판사들이 법전(law book)을 보면서 법에 따라 정확히 판결했던 데에서 이 관용어가 유래했어요.

October 14th

Trial and error
시행착오

I can't get the temperature for baking cookies right.
쿠키 굽는 온도를 못 맞추겠어.

Baking is all about **trial and error**.
베이킹은 시행착오가 전부야.

- **Keep experimenting**
  계속 실험하다
- **Learn by doing**
  해 보면서 배우다

영국의 심리학자 로이드 모건(C. Lloyd Morgan)이 만든 용어예요. 처음에는 'trial and failure'나 'trial and practice'로 썼지만 'trial and error'로 자리 잡았어요. 지금은 모든 분야에서 정답을 찾기 위해 여러 번 해 보고 실수하는 과정을 가리켜요.

All ears
귀 기울여 듣다

어디에서 온 말?

비밀을 이야기하는 친구에게 "I'm all ears!"라고 말한다면 정말 열심히 듣는다는 뜻이에요. 글자 그대로 몸 전체가 귀가 되어서 한마디도 놓치지 않겠다고 과장스럽게 나타낸 재밌는 표현이랍니다.

Growing pains
성장통

- **Learning curve**
  학습 과정
- **Natural difficulties**
  자연스러운 어려움
- **Part of the process**
  과정의 일부

1823년에 프랑스 의사가 아이들이 자랄 때 느끼는 다리나 팔의 통증을 '성장통'이라고 처음 설명했어요. 지금은 새로운 것을 배우거나 성장할 때 겪는 자연스러운 어려움을 뜻하는 표현으로 쓰여요.

비슷한 말

- **No-brainer**
  생각할 필요도 없이 쉬운 일
- **Smooth sailing**
  순조로운

어디에서 온 말?

언어를 배울 때 학습의 첫 단계는 알파벳 배우기예요. 알파벳을 쉽게 익히던 아이들의 모습에서 이 표현이 유래했어요. 누구나 할 수 있을 만큼 쉬운 일을 가리킬 때 쓴답니다. 우리 말로는 기역, 니은, 디귿을 배우는 일 만큼 쉽다 정도가 되겠죠?

Get used to it
익숙해지다

The new kitten keeps meowing all night.
새로 데려온 고양이가 밤새 야옹거려.

You'll **get used to it**.
익숙해질 거야.

- **Adapt to**
  맞춰 나가다
- **Adjust to**
  적응하다
- **Become familiar with**
  능숙해지다

14세기에 "습관적으로 하다"라는 뜻의 use에서 발전한 표현이에요. 불편하거나 새로운 일도 시간이 조금만 지나면 자연스러워진다는 지혜가 들어 있어요. 이 관용어는 적응의 힘을 강조할 때 자주 쓴답니다.

Draw a blank
기억이 나지 않다

비슷한 말

- **Can't recall**
  기억이 안 나다
- **My mind went blank**
  머릿속이 하얘지다
- **Slip my mind**
  깜빡하다

어디에서 온 말?

옛날 영국의 복권 뽑기에서 비롯한 표현이에요. 상자에서 종이 복권을 뽑았는데(draw), 당첨이 없는 빈 종이(blank)가 나오면 '꽝'이었어요. 꽝을 뽑으면 당황해서 아무 생각도 나지 않아요. 지금도 아무 생각이 나지 않거나 머릿속이 하얘질 때 이 표현을 써요.

Find one's feet
적응하다, 자리를 잡다

비슷한 말

- **Adjust to new surroundings**
  새 환경에 적응하다

- **Get settled**
  정착하다

- **Get your bearings**
  방향을 잡다

어디에서 온 말?

이제 막 걷기 시작하는 아기가 균형을 잡기 위해 자기 발을 찾는 데에서 비롯한 표현이에요. 19세기에는 새 환경에서 자신의 역할이나 자리를 찾아가는 것을 가리켰지만 오늘날에는 학교, 이사, 동아리 등의 변화에서 자리를 잘 잡는다는 뜻으로 쓰여요.

Learn by heart
(마음에 새기듯) 외우다

How did you memorize that long poem so quickly?
그 긴 시를 어떻게 그렇게 빨리 외웠어?

I practiced reading it many times until I **learned** it **by heart**.
여러 번 읽어서 연습하다 보니 외워졌어.

비슷한 말

- **Have it down pat**
  완벽하게 외우다

- **Know by heart**
  완전히 외우다

- **Recite from memory**
  암송하다

어디에서 온 말?

중세 시대의 사람들은 중요한 지식을 머리가 아닌 마음에 새겨 넣는다고 믿었어요. 중세보다 앞선 시대인 고대 그리스에서도 심장이 기억과 학습의 중심이라고 여겼답니다. 그래서 "마음에 새기듯 외우다"라는 뜻이 되었죠.

비슷한 말

- **Deeply ingrained**
  깊이 박힌
- **Force of habit**
  습관의 힘
- **Hard to break**
  끊기 어려운

어디에서 온 말?

이 표현은 벤저민 프랭클린이 자신의 경험을 쓴 글에 나온 이후로 널리 알려졌어요. die hard는 "죽어도 쉽게 죽지 않는다"라는 뜻이에요. 오래된 습관은 쉽게 없어지지 않는다는 점을 비유로 잘 나타내고 있어요.

Sleep on it
하룻밤 자고 생각하다, 신중히 생각하다

비슷한 말

- **Mull it over**
  곰곰이 생각하다
- **Take your time**
  천천히 생각하다
- **Think it over**
  깊이 잘 생각하다

어디에서 온 말?

1519년 영국 헨리 8세의 국가 문서에서 처음 기록된 표현이에요. 당시 사람들은 꿈이 미래를 예언하거나 해결책을 알려 준다고 믿었답니다. 그래서 "The pillow is a good advisor(베개가 좋은 조언자다)"라는 속담도 있었죠. 이처럼 한 번 자고 다시 생각하면 좋은 답이 떠오를 때도 있답니다.

Up in the air
아직 정하지 않은

Have you decided what costume to wear for Halloween?
핼러윈 때 입을 의상 정했어?

It's still **up in the air**.
I'm thinking a witch or a vampire.
아직 정하지 않았어. 마녀나 뱀파이어로 할까 생각 중이야.

- **Not sure yet**
  아직 확실하지 않은
- **Still thinking**
  아직 생각 중인
- **Undecided**
  결정되지 않은

1940년대 미국의 뉴스 기사에서 처음 쓰인 표현이에요. 공중에 뜬 공이나 연처럼 누구에게 떨어질지, 어디로 흘러가는지 정해지지 않아 확실하지 않은 상황을 나타낼 때 쓰기 좋은 관용어예요.

Pull an all-nighter
밤을 새워 공부하다

I have three tests tomorrow and
I haven't studied at all!
내일 시험이 세 개인데 전혀 공부를 안 했어!

Looks like you'll have to
pull an all-nighter tonight.
오늘 밤에는 밤을 새워 공부해야겠네.

비슷한 말

- **Stay up late**
  늦게까지 깨어 있다
- **Work around the clock**
  24시간 내내 일하다

어디에서 온 말?

미국 대학가에서 시작된 표현이에요. "끌어내다, 해내다"라는 뜻의 pull은 밤이라는 시간을 끌어와서 해낸다는 의미를 담고 있어요. '밤샘 공부'라는 뜻의 all-nighter는 밤 12시부터 다음 날 아침까지 자지 않고 공부하는 것을 가리켜요.

Show up
나타나다

Are you coming to help with the community garden cleanup tomorrow?
내일 동네 정원 청소 도우러 올 거야?

Of course! I'll definitely show up with my gloves.
물론이지! 장갑 가지고 꼭 갈게.

어디에서 온 말?

show up은 "나타나다" 외에 "약속을 지키다, 책임을 다하다"라는 뜻도 있어요. 오늘날에는 약속한 행사에 참석하거나 꼭 와 달라는 뜻으로 쓰여요. 미국 문화에서는 약속 장소에 나타나는 것만으로도 의미가 있다고 여겨서 책임감을 강조할 때도 자주 써요.

Your guess is as good as mine
나도 잘 모르겠어

When do you think we'll get our art project grades back?
미술 프로젝트 점수 언제 받을 수 있을까?

Your guess is as good as mine. The teacher didn't say anything.
나도 잘 모르겠어. 선생님이 아무 말씀도 안 하셨거든.

비슷한 말

- **Beats me**
  전혀 모르다
- **I have no idea**
  하나도 모르다
- **Who knows?**
  누가 알겠어?

어디에서 온 말?

누군가 한 질문의 답을 정말로 모를 때, "나도 너만큼 몰라"라고 솔직하게 말하는 표현이에요. "네 추측도 내 추측만큼 맞을 수 있다"라는 뜻이지만 답을 확실히 모를 때 겸손하고 유쾌하게 쓰여요. 보통 상대도 정보가 없어서 둘 다 답을 모르는 상황에 쓰기 좋은 관용어예요.

Out of the blue
갑자기, 예상치 못하게

My cousin just texted me that she's moving to our city.
사촌이 갑자기 우리 도시로 이사 온다고 문자 했어.

Wow, that came completely **out of the blue**!
와, 정말 갑자기 생긴 일이네!

비슷한 말

- **All of a sudden**
  갑자기
- **Unexpectedly**
  예기치 못하게
- **Without warning**
  경고 없이

어디에서 온 말?

이 표현에서 blue는 맑고 파란 하늘을 가리켜요. 맑은 하늘에서 갑자기 번개가 치듯 전혀 예상하지 못한 일이 갑자기 일어날 때 이 관용어를 쓴답니다. 1837년 스코틀랜드의 역사학자 토머스 칼라일이 『프랑스 혁명』에서 처음 사용한 이후 널리 쓰였어요.

Put our heads together
머리를 맞대다,
서로 지혜를 내놓다

This problem is too hard for me to solve alone.
이 문제는 내가 혼자 풀기에 너무 어려워.

Let's **put our heads together** and try to figure it out.
우리 머리를 맞대고 함께 알아보자.

비슷한 말

- **Join forces**
  힘을 합치다
- **Pool our ideas**
  아이디어를 모으다
- **Work as a team**
  팀으로 일하다

어디에서 온 말?

사람들이 원을 이루고 머리를 가운데로 모아 비밀리에 계획을 세우는 모습에서 유래한 표현이에요. 경기 전에 스포츠 팀이 작전을 짤 때 머리를 맞대는 모습으로도 유명하죠.

Time for a change
변화할 때다

I've been doing the same autumn
activities every year.
매년 가을에 똑같은 활동만 해.

Maybe it's time for a change.
How about making leaf art this year?
아마 변화할 때인 것 같아. 올해는 낙엽 예술 작품을 만들면 어때?

비슷한 말

- **Change is needed**
  변화가 필요하다

- **Ready for change**
  변화할 준비가 됐다

- **Time to move on**
  앞으로 나아갈 때다

어디에서 온 말?

시간이 흐르면 새로운 무언가가 필요해지는 순간이 와요. 환경이 바뀌면 새롭게 성장할 수 있답니다. 특정한 역사적 유래는 없지만 일상에서 새 계절이나 새 학기와 같은 시점에 이 표현이 자주 쓰여요.

Pass with flying colors
우수한 성적으로 통과하다

비슷한 말

- **Ace it**
  만점을 받다
- **Hit it out of the park**
  대성공하다
- **Knock it out of the park**
  완전히 성공하다

어디에서 온 말?

18세기 해군의 전통에서 유래한 표현이에요. 전투에서 승리한 함선들은 모든 깃발(colors)을 높이 올리고 (flying) 항구에 돌아왔어요. 지금은 시험이나 대회에서 우수한 성적을 거뒀을 때 자주 들을 수 있는 표현이 되었어요.

New chapter
새로운 장

Starting middle school feels scary.
중학교 입학이 무서워.

Think of it as a new chapter in your life story.
네 인생 이야기의 새로운 장이라고 생각해 봐.

Neck and neck
막상막하

어디에서 온 말?

경마에서 유래한 표현이에요. 결승선에 도착할 때 너무 가까워서 말의 목(neck)과 목이 나란히 보일 만큼 치열한 경쟁을 벌이는 상황을 의미했어요. 오늘날에는 모든 경쟁에서 사용하는 표현이 되었답니다.

Who's winning the basketball game?
농구 경기 누가 이기고 있어?

Doyoon and Chloe's teams are
neck and neck right now.
도윤이 팀이랑 클로이 팀이 지금 막상막하야.

Time will tell
시간이 지나면 알게 된다

Do you think Mom's new soup recipe will be tasty?
엄마가 만든 새 국 레시피, 맛있을까?

Time will tell. We'll just have to eat and see.
시간이 지나면 알겠지. 먹어 보고 상황을 보자.

비슷한 말

- **Let's see what happens**
어떻게 되는지 보다

- **Wait and see**
두고 보다

- **We'll find out**
알게 될 거야

어디에서 온 말?

미래의 일이나 결과는 누구도 미리 알 수 없으니 서두르지 말고 기다려야 해요. time은 상황이 자연스럽게 흘러가는 과정을, will tell은 결과를 나중에 밝혀 준다는 뜻이에요. 조바심 내지 말고 시간이 지나면 자연히 답이 드러난다는 지혜를 보여 줘요.

Lend a hand
기꺼이 돕다, 도움을 주다

비슷한 말

- **Give someone a hand**
  도움을 주다
- **Help out**
  돕다
- **Pitch in**
  함께 돕다

어디에서 온 말?

옛날 농경 사회에서는 이웃끼리 힘든 일이 생기면 도와주곤 했어요. 이 표현은 이런 관행에서 유래했답니다. 지금은 도와준다는 뜻으로 발전하여 쓰여요.

When life gives you lemons, make lemonade
나쁜 일을 좋게 바꾸다

Our camping trip got canceled because of rain.
비 때문에 캠핑이 취소됐어.

When life gives you lemons, make lemonade. Let's build a blanket fort instead.
나쁜 일을 좋게 바꿔야지. 대신 이불 요새를 만들자.

- **Look on the bright side**
  밝은 면을 보다
- **Make the best of it**
  상황을 최대한 활용하다
- **Turn problems into opportunities**
  문제를 기회로 바꾸다

1915년 미국 작가 앨버트 허버드가 쓴 "인생이 신 레몬을 주면 달콤한 레모네이드를 만들어라"라는 글이 시작이에요. 매우 신 레몬에 설탕과 물을 넣으면 맛있는 음료가 되듯 어려운 상황도 노력으로 좋게 바꿀 수 있다는 뜻을 담고 있어요.

Back to the drawing board
처음부터 다시 시작하다

Our spring sports day plan didn't work out.
우리 봄 운동회 계획이 틀어졌어.

Looks like we're **back to the drawing board**.
처음부터 다시 시작해야 할 것 같아.

비슷한 말

- **Go back to square one**
  원점으로 돌아가다

- **Start over**
  다시 시작하다

- **Wipe the slate clean**
  깨끗이 지우고 다시 시작하다

어디에서 온 말?

1941년 미국의 만화가 피터 아노가 잡지 「뉴요커」에 발표한 만화에서 유래했어요. 추락한 비행기를 보며 엔지니어가 "설계판(drawing board)으로 돌아가야겠군"이라고 말하는 만화 장면에서 이 표현이 나왔답니다. drawing board는 설계도를 그리는 판을 뜻해요.

Curiosity killed the cat
호기심이 지나치면 해롭다

I peeked at my birthday present early and now I feel bad.
생일 선물을 미리 몰래 봤더니 기분이 안 좋아.

Curiosity killed the cat, remember?
호기심이 지나치면 해롭다는 말 기억나?

- **Don't be too nosey**
  너무 참견하지 마
- **Leave it alone**
  놔두는 게 좋다
- **Mind your own business**
  ~의 일에만 신경 쓰다

16세기 말의 영국 희곡에서 처음 비롯한 표현이에요. 원래는 "Care killed the cat(걱정이 고양이를 해친다)"였던 표현에서 care가 curiosity(호기심)로 바뀌었어요. 고양이의 넘치는 호기심이 곤란을 불렀다는 데에서 비롯했답니다.

Learn from mistakes
실수에서 배우다

비슷한 말

- **Live and learn**
  경험으로 배우다

- **What doesn't kill you makes you stronger**
  죽지 않을 만큼의 고난이 더 강하게 만든다

어디에서 온 말?

토머스 에디슨은 전구를 발명하기까지 수많은 실패를 겪었어요. 그럼에도 그는 "실패한 덕분에 작동하지 않는 방법들을 발견했다"라고 말했죠. 이 표현은 실수를 두려워하지 말고 배움의 기회로 보는 긍정적인 표현이에요.

Step out of your comfort zone
도전하다, 편안한 곳을 벗어나다

비슷한 말

- **Take risks**
  위험을 감수하다
- **Try new things**
  새로운 것을 시도하다

어디에서 온 말?

심리학에서 편안함을 느끼는 공간을 가리켜 'comfort zone(편안한 구역)'이라고 해요. 이불 속이 따뜻하고 편해도 성장하려면 그 밖으로 한 걸음 내딛는 경험이 반드시 필요하다는 교훈을 담고 있어요.

March
28th

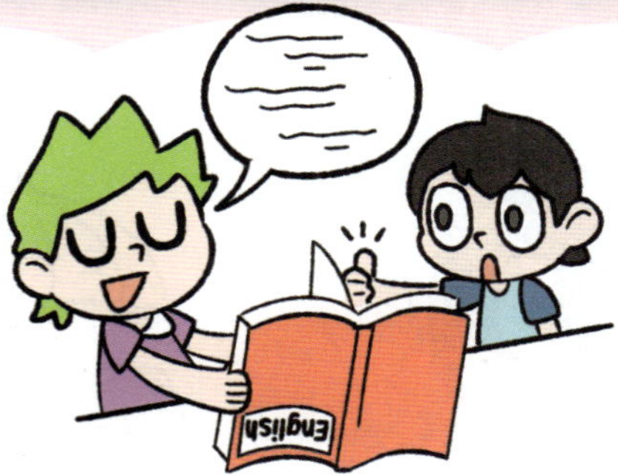

Know it backwards and forwards
훤히 꿰고 있다, 완전히 잘 알다

You're amazing at this card game.
이 카드 게임 정말 잘하네.

I **know it backwards and forwards**.
이 게임은 훤히 꿰고 있거든.

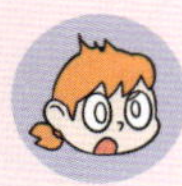

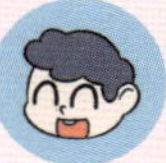

비슷한 말

- **Know inside out**
  속속들이 알다
- **Master completely**
  완전히 익히다

어디에서 온 말?

알파벳을 A부터 Z까지, Z부터 A까지 순서대로나 거꾸로 완벽하게 외우는 데에서 유래한 표현이에요. "그 게임은 눈을 감고도 할 수 있어!"처럼 완벽하게 익힌 것을 자랑할 때 쓰면 좋아요. 그것만큼은 아주 잘 알고 있다는 의미를 과장해서 나타냈답니다.

10
October
Change and
Grow

Ace a(the) test
시험을 잘 보다

- **Crush the exam**
  시험을 정복하다
- **Hit a home run**
  홈런을 치다, 대성공하다
- **Nail the test**
  시험을 완벽히 치르다

테니스에서 유래한 표현이에요. ace 는 상대 선수가 전혀 건드리지 못하는 완벽한 서브예요. 1960년대부터 시험에서 완벽한 점수를 받는 것을 테니스의 ace에 비유해서 사용하기 시작했어요.

How did you do on the science test?
과학 시험 어떻게 봤어?

I **aced the test**! I got 100 percent!
잘 봤어! 100점 맞았어!

비슷한 말

- **Can't decide**
  결정할 수 없다

- **Torn between**
  사이에서 고민하는

- **Undecided**
  정해지지 않은

어디에서 온 말?

울타리(fence) 위에 앉으면 양쪽을 다 볼 수 있지만 어느 쪽으로 내려갈지 정하기 어려워요. 이 표현은 1828년에 미국에서 정치계의 어느 편에도 치우치지 않는 사람을 가리키며 처음 사용했답니다. 지금은 두 가지 선택을 두고 망설일 때 써요.

- **Books are windows to the world**
  책은 세상으로 통하는 창문이다
- **Education is the key**
  교육이 열쇠다
- **The pen is mightier than the sword**
  펜은 칼보다 강하다

영국의 철학자 프랜시스 베이컨이 말한 데에서 유래한 표현이에요. 많이 알수록 더 많은 일을 할 수 있고 더 나은 선택을 할 수 있다는 뜻이에요.

Why do you read so many books?
왜 그렇게 많은 책을 읽어?

Because knowledge is power.
The more I learn, the more I can achieve.
지식은 힘이거든. 더 많이 배울수록 더 많은 것을 이룰 수 있어.

on a roll
잘 풀리다, 잘나가다

비슷한 말

- **Hot streak**
  연승 행진

- **In the zone**
  최상의 컨디션

- **On fire**
  엄청 잘나가다

어디에서 온 말?

주사위 게임 크랩스(Craps)에서 비롯한 표현이에요. 주사위를 굴릴 때 (roll) 계속 이기는 상태를 'on a roll'이라고 했던 데에서 시작했어요. 요즘은 공부, 게임 등의 다양한 활동에서 계속 잘될 때 자주 쓰곤 해요.

Never stop learning
배움을 멈추지 않다

I think I know enough about this subject now.
이제 이 주제에 대해 충분히 알 것 같아.

Remember, never stop learning.
There's always something new to discover.
배우는 걸 멈추지 마. 늘 새로 배울 게 있으니까.

비슷한 말

- **Always be curious**
  항상 호기심을 가지다
- **Learning never ends**
  배움에는 끝이 없다
- **Lifelong learning**
  평생 학습

어디에서 온 말?

이 표현은 고대 그리스의 철학자 소크라테스의 태도에서 영감을 받아 생겼어요. 소크라테스는 모른다는 걸 아는 것이 곧 지혜의 시작이라고 믿었어요. 나이나 지위에 관계없이 늘 새로운 것을 배우거나 늘 궁금해하며 도전하는 친구에게 이 표현을 쓰면 좋아요.

The harder you work, the luckier you get
열심히 할수록 운이 따르다

비슷한 말

- **Luck favors the prepared**
  준비된 자에게 운이 온다

- **Make your own luck**
  운도 스스로 만드는 것이다

- **Preparation meets opportunity**
  준비와 기회는 함께 온다

어디에서 온 말?

골프 선수 게리 플레이어가 말한 명언으로 널리 퍼진 표현이에요. 사람들은 그의 성공을 운이라고 했지만 게리는 다르게 보았어요. 더 많이 연습할수록 운이 따랐다고 생각했거든요. 이 관용어에는 노력하는 자에게 운도 온다는 지혜가 담겨 있어요.

4

April

Seasons and Weather

Shake a leg
빨리 움직여, 서둘러

비슷한 말

- **Get a move on**
  빨리 움직이다
- **Hurry up**
  서두르다
- **Step on it**
  밟다

어디에서 온 말?

1904년 뉴욕 매거진에서 "서두르다"라는 의미로 처음 기록된 표현이에요. 다리(leg)를 흔든다(shake)는 것은 빨리 움직인다는 뜻이에요. 친구나 가족끼리 서두르라고 할 때 쓰는 재미있는 표현이랍니다.

April showers bring May flowers
고생 끝에 낙이 온다

- **Better days ahead**
  더 좋은 날들이 오다
- **Things will get better**
  상황이 나아지다

1557년 영국의 농부이자 시인 토마스 투서(Thomas Tusser)가 쓴 농사 지침서의 "Sweet April showers, Do spring May flowers"라는 글에서 비롯했어요. 4월에 봄비가 내리면 5월에 아름다운 꽃이 피어나듯, 힘든 시간을 겪은 뒤 좋은 결과가 온다는 의미를 담고 있어요.

A bird in the hand is worth two in the bush
확실한 게 낫다

Should I trade my bike for two scooters?
내 자전거를 스쿠터 두 대와 바꿀까?

A bird in the hand is worth two in the bush.
확실한 게 낫지.

- **Better safe than sorry**
안전한 게 낫다

- **Don't be greedy**
욕심내지 마라

- **Keep what you have**
가진 것을 지키다

옛날 라틴어의 문법서에 "A byrde yn hande ys worth ten flye at large(손에 있는 새 한 마리가 날아다니는 새 열 마리보다 낫다)"라는 글이 처음 쓰였어요. 이 표현은 확실함이 불확실함보다 더 나을 때 사용한답니다.

Spring fever
봄을 맞아 들뜨다

I can't focus on studying today.
오늘은 공부에 집중할 수가 없어.

You've got spring fever.
너 봄을 맞아 들떴구나.

비슷한 말

- **Ants in your pants**
  가만히 있지 못하는
- **Get antsy**
  초조해하다
- **Itchy feet**
  어딘가 가고 싶어 하는

어디에서 온 말?

이 표현에서 fever는 열이 아니라 '들뜬 기분'을 뜻해요. 따뜻한 봄이 오면 사람들은 힘차게 움직이며 마음이 들뜨곤 해요. 이는 겨울 동안 뇌에서 많이 만들어지던 수면 호르몬이 봄에 줄어들어서 생기는 일이라고 해요.

Slow and steady wins the race
느리지만 꾸준하면 이긴다

My sister reads books much faster than me.
누나가 나보다 책을 훨씬 더 빨리 읽어.

Slow and steady wins the race.
Keep at your own pace.
꾸준히 하면 너도 잘할 수 있어. 네 속도대로 가 봐.

비슷한 말

- **Consistency is key**
  꾸준함이 중요하다
- **Take your time**
  천천히 하다

어디에서 온 말?

이솝 우화의 「토끼와 거북이」 이야기에서 비롯한 표현이에요. 이후 1762년 로버트 로이드의 시집에서 "You may deride my awkward pace, But slow and steady wins the race"로 기록되었어요. 속도보다 꾸준함과 인내가 더 중요하다는 교훈을 전한답니다.

Spring has sprung at last.
드디어 봄이 왔구나.

비슷한 말

- **Everything is blooming**
  모든 것이 꽃피다
- **Flowering season**
  개화기(풀이나 나무의 꽃이 피는 때)
- **Spring is here**
  봄이 오다

어디에서 온 말?

spring은 봄 외에 "튀어오르다"라는 뜻도 있어요. "튀어올랐다"를 나타내는 sprung은 우리에게 갑자기 찾아온 봄을 나타낸 단어예요. 앞과 뒤로 비슷한 단어를 재미있게 반복해서 말장난(pun)처럼 꾸민 표현이랍니다.

Keep pushing forward
계속 도전하다

Learning to skateboard isn't easy.
스케이트보드 배우는 거 쉽지 않아.

Keep pushing forward.
Everyone falls at first.
계속 도전해. 다들 처음엔 넘어져.

- **Keep at it**
  (포기 않고) 계속하다
- **Stay determined**
  의지를 잃지 않다

군대 용어로 쓰이던 push forward 는 적의 저항에도 계속 전진한다는 뜻이었어요. 이 말이 들어간 이 관용어는 어려움이 있어도 멈추지 않고 계속 노력한다는 의미예요. 목표를 향해 꾸준히 나아가라는 격려를 잘 보여 줘요.

April
4th

A spring in one's step
경쾌한 걸음

- **Happy feet**
  기쁜 발걸음
- **Light on your feet**
  발걸음이 가벼운

이 표현에서 spring은 "튀어오르다, 탄력 있게 움직이다"를 뜻해요. 좋은 일이 생겨서 기분이 좋을 때 걸음이 통통 튀고 가뿐하죠? 이 관용어는 이와 같이 가볍고 탄력 있는 걸음걸이를 나타냈답니다.

Mind over matter
마음먹기에 달렸다

I'm too scared to ride the big roller coaster.
큰 롤러코스터 타기가 너무 무서워.

Mind over matter.
Take deep breaths and you'll be fine.
마음먹기에 달렸어. 심호흡하면 괜찮을 거야.

- **Believe in yourself**
  스스로 믿다
- **Mental strength**
  정신적 힘
- **Willpower conquers all**
  의지가 다 이겨 내다

고대 그리스 철학자들의 사상에서 유래한 표현이에요. 여기에서 matter는 '물질, 육체'를 뜻해요. 즉, 몸은 힘들어도 마음의 힘으로 이겨 낼 수 있다는 의미예요. 스포츠나 공부에서 한계를 느낄 때 정신력으로 극복하라는 격려를 담고 있어요.

April
5th

Fresh as a daisy
매우 상쾌한

How do you have so much energy after studying all night?
밤새 공부하고도 어떻게 그렇게 에너지가 넘쳐?

I took a cold shower, and now I'm **fresh as a daisy**.
찬물로 샤워했더니, 지금 완전 상쾌해.

- **Bright-eyed and bushy-tailed**
  생기 넘치는
- **Full of energy**
  힘이 넘치는
- **Refreshed**
  상쾌한

데이지 꽃은 아침에 활짝 피고 밤에는 오므라드는 특성이 있어요. 아침마다 이슬을 맞고 새롭게 피어나는 모습이 상쾌해 보여서 18세기 영국에서는 활기찬 모습을 나타낼 때 이 표현을 사용했어요.

비슷한 말

- **Keep fighting**
  계속하다
- **Stay strong**
  힘내다

어디에서 온 말?

영국 총리 윈스턴 처칠이 2차 대전 연설에서 "Never give up!"을 강조하며 유명해진 표현이에요. 어떤 어려움이 있어도 끝까지 해내려는 의지가 얼마나 중요한지 잘 나타내고 있어요. 포기하지 않는 정신이야말로 성공의 가장 중요한 요소임을 보여 준답니다.

April 6th

Once in a blue moon
아주 드물게

My dad actually cooked dinner for us tonight.
아빠가 오늘 밤 정말로 우리를 위해 저녁을 해 주셨어.

Wow! That happens once in a blue moon. How was it?
와! 그런 일은 아주 드물게 일어나지. 어땠어?

blue moon은 한 달에 보름달이 두 번 뜨는 특별한 현상을 가리켜요. 아주 가끔 일어나는 현상이라 정말 드문 일을 말할 때 쓰곤 한답니다. 이 표현은 미국의 농민들이 농사력(농사 짓는 때를 나타낸 달력)을 보면서 특별한 달을 발견하고 만들었어요.

Look before you leap
신중히 생각하다, 뛰기 전에 살피다

I want to delete all my old drawings and start afresh.
옛날에 그린 그림은 다 지우고 새로 시작하고 싶어.

Look before you leap.
You might regret it later.
서두르지 말고 신중히 생각해. 나중에 후회할 수도 있어.

비슷한 말

- **Consider carefully**
  신중히 고려하다
- **Don't rush into decisions**
  섣불리 결정하지 않다
- **Think twice**
  두 번 생각하다

어디에서 온 말?

아주 옛날부터 있었던 오래된 표현이에요. 높은 곳에서 뛰어내릴 때 아래를 먼저 확인하지 않으면 위험하다는 당연한 이치에서 비롯했어요. 중요한 결정을 내리기 전에 생각하라는 지혜를 잘 보여 줘요.

In full bloom
활짝 피다, 전성기

어디에서 온 말?

"꽃이 피다"라는 뜻의 bloom이 들어간 in full bloom은 봉오리가 완전히 열린 가장 아름다운 꽃이나 그런 상태를 뜻해요. 정원사들이 썼던 이 표현은 오늘날에 사람이나 어떤 일이 한창 무르익었을 때 써요.

Throw in the towel
포기하다, 패배를 인정하다

Our soccer team is losing 3:0.
Should we give up?
우리 축구팀 3:0으로 지고 있어. 포기할까?

Don't throw in the towel yet.
We can still try.
아직 포기하지 마. 끝까지 해 보자.

비슷한 말

- **Call it quits**
  그만두다
- **Give up**
  포기하다
- **Wave the white flag**
  항복하다

어디에서 온 말?

권투에서 유래한 표현이에요. 권투 선수가 더 싸울 수 없을 때 코치나 매니저가 링 안으로 수건을 던져서 경기를 멈추게 했어요. 그전에는 'throw in the sponge'라고 했는데, 1860년대부터 스펀지 대신 수건을 사용하면서 현재의 표현이 되었답니다.

Wake up and smell the roses
인생의 즐거움을 느끼다

You're always studying. You need to have fun sometimes.
너는 항상 공부만 하더라. 가끔은 즐겨야 해.

You're right. I should wake up and smell the roses.
맞아. 나도 인생의 즐거움을 느껴야겠어.

- **Enjoy the moment**
  순간을 즐기다
- **Stop and smell the flowers**
  여유를 가지고 즐기다

"wake up and smell the coffee (현실을 바로 보다)"에서 단어가 달라진 표현이에요. 커피 대신 장미를 사용하여 바쁜 일상에서 벗어나 주변의 아름다움이나 삶에서의 즐거움, 여유를 느끼라는 긍정적 의미로 바뀌었어요.

So far so good
지금까지는 좋다

How's your baking project going?
베이킹 프로젝트는 어때?

So far so good. I made cookies and muffins this week.
지금까지는 좋아. 이번 주에 쿠키랑 머핀을 만들었어.

어디에서 온 말?

1721년 제임스 켈리의 『스코틀랜드 속담집』에 처음 기록된 표현이에요. 여기에서 so는 '이런 식으로, 이런 상태로'라는 의미로 쓰였어요. 아직 끝나지 않은 일의 상황을 말할 때, 지금까지는 나쁘지 않다는 신중한 긍정을 나타낸답니다.

Make hay
while the sun shines
때를 놓치지 않다

어디에서 온 말?

16세기 영국에서 유래한 표현이에요. 건초는 햇빛이 있을 때만 제대로 말릴 수 있어서 해가 떠 있을 때 서둘러 작업해야 했어요. 오늘날에는 좋은 기회가 있을 때 바로 행동하라는 뜻으로 사용돼요.

Hit the nail on the head
바로 그거다, 정확히 맞추다

비슷한 말

- **Bull's eye**
  한가운데를 맞추다

- **Right on target**
  정확히 목표를 맞추다

- **Spot on**
  딱 맞다

어디에서 온 말?

16세기 목수들의 작업 과정에서 유래한 표현이에요. 망치로 못을 칠 때 정확히 못의 머리를 맞춰야 제대로 박을 수 있거든요. 문제의 핵심을 정확히 짚었을 때 쓰는 관용어랍니다.

Have a green thumb
식물을 잘 키우다

비슷한 말

- **Be good with plants**
  식물을 잘 다루다

- **Grow a garden**
  정원을 가꾸다

- **Plant whisperer**
  식물과 통하는 사람

어디에서 온 말?

green thumb는 '초록색 엄지'라는 뜻이에요. 1930년대 미국의 정원사들은 식물을 많이 만져서 엄지가 초록색으로 물들곤 했어요. 이 표현은 여기에서 유래했어요. 오늘날에는 식물과 친해서 무엇을 심어도 잘 자라게 하는 사람 또는 그런 능력을 나타낼 때 쓴답니다.

Under my nose
바로 코앞에 있는

I've been searching everywhere for my pencil case.

필통을 온 집안에서 다 찾아봤어.

It was right **under your nose**, on your desk.

네 책상 위, 바로 코앞에 있던 걸.

비슷한 말

- **In plain sight**
  눈앞에 보이는

- **Staring you in the face**
  바로 눈앞에 있는

- **Right in front of you**
  바로 앞에

어디에서 온 말?

1567년 조지 터버빌의 시집에서 처음 쓰인 표현이에요. 눈 아래 있는 코의 밑은 아주 가까운 곳, 쉽게 볼 수 있는 곳이에요. 찾고 있는 것이 너무 가까이 있어서 오히려 보지 못하는 상황을 재미있게 나타낸 관용어지요.

Full of beans
활기찬

- **Full of life**
  생기 넘치는
- **Raring to go**
  가고 싶어 안달인
- **Ready for action**
  행동할 준비가 된

이 표현에서 beans는 콩이 아니라 '에너지'를 뜻해요. 오래전, 미국에서 말들에게 콩을 먹이자 매우 기운이 넘쳤다는 사실에서 유래한 표현이에요. 에너지가 넘쳐서 매우 활기찰 때 사용한답니다.

You seem so energetic today.
Did you sleep well?
오늘 너무 힘이 넘쳐 보여. 잠을 잘 잤니?

Yes. I feel **full of beans** this beautiful spring morning.
응. 이 아름다운 봄 아침에 정말 활기가 넘쳐.

Hang by a thread
아슬아슬하다, 위기 상황이다

My phone battery is at 1 percent.
핸드폰 배터리가 1퍼센트야.

You're **hanging by a thread**.
정말 아슬아슬하네.

비슷한 말

- **In a precarious situation**
  불안한 처지
- **On thin ice**
  위험한 상태
- **Walking a tightrope**
  아슬아슬한 상황

어디에서 온 말?

그리스 신화의 다모클레스의 검에서 유래한 표현이에요. 다모클레스가 왕의 자리를 부러워하자 왕이 그를 왕좌에 앉히고 머리 위에 실 한 가닥으로 칼을 매달았어요. 지금은 위험하거나 불안정한 상황을 나타내는 관용어로 쓰여요.

It's raining cats and dogs
비가 억수같이 내리다

- **Coming down hard**
  세차게 내리다
- **Heavy rain**
  폭우
- **Pouring down**
  쏟아지다

17세기 영국에서 유래한 표현이에요. 이 표현이 생긴 여러 설 가운데 하나를 들려줄게요. 깨끗하지 않았던 런던 거리에 폭우가 내리면 죽은 고양이나 개들이 떠내려갔다는 이야기예요. 지금은 비가 아주 세게 내릴 때 사용하는 과장 표현이에요.

비슷한 말

- **Blow it**
  망치다
- **Fall down on the job**
  일을 제대로 못하다
- **Mess up**
  엉망으로 하다

어디에서 온 말?

미식축구에서 비롯한 표현이에요. 축구나 야구를 할 때 선수가 공을 받다가 떨어트리면 팀 전체에 손해가 생겨요. 맡은 책임을 다하지 못했거나 중요한 걸 깜빡했을 때 이 관용어를 쓰곤 해요.

I was supposed to bring the poster for our presentation today.
오늘 발표용 포스터를 내가 가져오기로 했었어.

Did you **drop the ball**?
네가 실수한 거야?

April
13th

Come rain or shine
날씨에 상관없이, 무슨 일이 있어도

Will you come to my birthday party tomorrow?
내일 내 생일 파티에 올 거야?

Come rain or shine, I'll be there.
무슨 일이 있어도 갈게.

어디에서 온 말?

비가 오거나 햇빛이 나도 날씨가 어떻든 상관없이 약속을 지키거나 일하겠다는 강한 의지를 보여 주는 표현이랍니다. rain과 shine이 운율을 맞춰 주어 기억하기 쉽고 말하기도 재미있는 관용어예요.

Necessity is the mother of invention
필요는 발명의 어머니다

I forgot to prepare a costume for the Halloween party tomorrow.
내일 핼러윈 파티 의상 준비하는 걸 깜빡했어.

Necessity is the mother of invention. Let's use what we have at home.
필요는 발명의 어머니야. 집에 있는 걸로 한번 해 보자.

비슷한 말

- **Creative solutions**
  창의적 해결책
- **Find a way**
  방법을 찾아내다
- **Think outside the box**
  고정 관념을 깨다

어디에서 온 말?

고대 그리스의 철학자 플라톤 시대에서 유래한 표현이에요. 꼭 필요할 때 놀라운 아이디어나 발명이 탄생한다는 교훈을 담고 있어요. 어려울 때 오히려 창의력이 샘솟는 것처럼 말이에요.

Under the weather
몸이 안 좋다

You don't look so good today. Are you okay?
오늘 기분이 안 좋아 보여. 괜찮니?

I'm feeling a bit **under the weather**.
I think I'm catching a cold.
몸이 좀 안 좋아. 감기 기운이 있는 것 같아.

- **A bit off**
  컨디션이 안 좋다
- **Feeling sick**
  아프다
- **Not feeling well**
  몸이 안 좋다

어디에서 온 말?

옛날 선원들이 사용하던 말 'under the weather bow'에서 유래한 표현이에요. 바람과 파도를 많이 맞는 배의 앞쪽(bow)에 있던 선원들은 몸이 아프면 갑판 아래로 내려가 쉬었답니다. 지금은 bow를 생략해서 몸이 안 좋다는 걸 표현해요.

Let me **come up with** something cool.
내가 멋진 아이디어를 생각해 볼게.

비슷한 말

- **Brainstorm**
  아이디어를 모으다

- **Dream up**
  상상해 내다

- **Think of**
  떠올리다

어디에서 온 말?

땅 위로 올라오는 싹처럼 마음속에서 새로운 아이디어가 떠오르는 모습을 나타내는 표현이에요. 창의적 생각이나 새로운 해결법을 찾을 때 이 관용어를 사용한답니다.

Head in the clouds
몽상가, 엉뚱한 생각에 잠기다

- **Absent-minded**
  딴생각에 빠진
- **Daydreamer**
  백일몽을 꾸는 사람
- **Lost in thought**
  생각에 잠긴

머리가 구름 속에 있다면 현실이 제대로 보이지 않겠죠? 이 표현은 현실보다 상상이나 꿈에 빠져서 주변을 제대로 살펴보지 못하는 사람을 나타내요. 현실을 벗어나 헛된 생각에 잠긴 사람을 부드럽게 이를 때 사용해요.

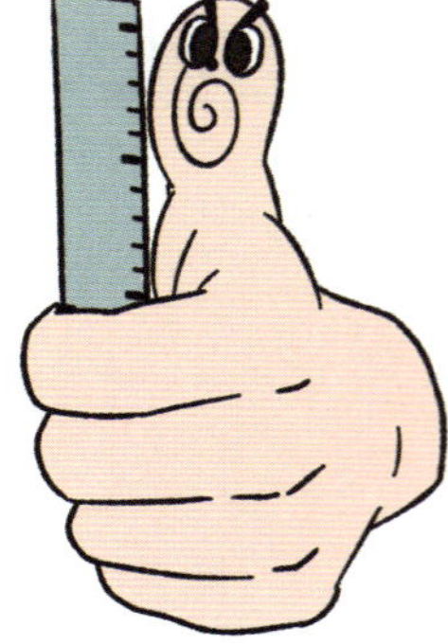

Rule of thumb
경험상(으로 얻은 법칙)

비슷한 말

- **General guideline**
  일반적인 팁
- **Practical tip**
  실용적 조언
- **Rough estimate**
  어림잡음

어디에서 온 말?

17세기에 목수들은 정확한 자가 없을 때 엄지의 길이를 자로 사용했어요. 엄지는 약 1인치 정도여서 빠르고 쉽게 재는 데 유용했거든요. 정확하지 않아도 오랜 경험에서 얻은 간단한 기준을 말할 때 이 표현을 써요.

As right as rain
완전히 멀쩡한, 괜찮은

How are you feeling after your cold?
감기 걸린 후에 몸은 어때?

I'm **as right as rain** now, thanks for asking.
이제 완전 멀쩡해, 물어봐 줘서 고마워.

비슷한 말

- **Fit as a fiddle**
  매우 건강한
- **Good as new**
  새것처럼 좋은
- **In tip-top shape**
  최상의 상태

어디에서 온 말?

이 표현은 자연스럽게 내리는 비처럼 모든 것이 제대로 된 상태를 뜻해요. 특히 아팠다가 완전히 나았을 때 "이제 멀쩡하다, 괜찮다"라는 뜻으로 사용한답니다. 영국에서 오래전부터 쓰인 관용어예요.

low-hanging fruit
쉬운 것, 이루기 쉬운 목표

I want to save up for a new bike.
새 자전거 살 돈을 모으고 싶어.

Start with the low-hanging fruit.
Help Mom out for some more allowance.
쉬운 것부터 시작해. 엄마를 좀 도와 드리면 용돈을 더 받을 수 있잖아.

- **Easy targets**
  쉬운 목표
- **First step**
  첫 단계
- **Quick wins**
  빠른 성과

과수원에서 사다리 없이도 딸 수 있는 낮은 곳에 열린 과일에서 비롯한 표현이에요. 가장 손쉽게 할 수 있는 일, 빨리 성과를 낼 수 있는 일을 먼저 하라는 전략을 보여 준답니다.

Weather the storm
어려운 시기를 견디다

My family is going through a tough time right now.
우리 가족은 지금 힘든 시기를 겪고 있어.

Stay strong. You'll weather the storm together.
강하게 버텨. 너희 가족은 함께 이 어려운 시기를 견뎌 낼 거야.

비숫한 말

- **Get through it**
  헤쳐 나가다
- **Hold tight**
  꽉 잡고 버티다

어디에서 온 말?

오늘날의 weather는 날씨라는 의미지만 옛날에는 "폭풍을 견디다"라는 의미로 쓰였답니다. 바다 위를 오가는 선원들이 폭풍을 견뎌 내듯 어려운 시기도 잘 버티면 결국 지나간다는 희망적인 메시지를 담고 있어요.

Be not born yesterday
날 우습게 보지 마

Can you give me your homework?
숙제 좀 보여 줄래?

I wasn't born yesterday.
Do it yourself.
날 우습게 보지 마. 네가 직접 해.

- **Don't underestimate me**
  날 얕보지 마

- **I know better**
  난 더 잘 알고 있어

- **I'm not stupid**
  바보가 아니야

이 표현은 누군가 나를 바보 취급할 때 또는 너무 뻔한 거짓말로 속이려 할 때 쓰기 좋아요. 갓 태어난 아기는 아무것도 모르지만 시간이 지날수록 아는 것이 많아져요. 그래서 "난 바보가 아니다, 경험 있다"라고 강조할 때 쓰는 관용어랍니다.

A rainbow after the rain
비 온 뒤에 무지개가 뜬다

비슷한 말

- **Better times coming**
  더 좋은 시간이 오다
- **Hope for tomorrow**
  내일에 대한 희망
- **Things will improve**
  상황이 나아지다

어디에서 온 말?

비가 그치고 해가 나올 때 물방울에 빛이 반사되면 무지개가 만들어져요. 자연 현상에서 유래한 이 표현은 어려운 시간 뒤에 좋은 일이 찾아온다는 희망을 담고 있어요. 우리말의 "비 온 뒤에 땅이 굳는다"와 같은 뜻이랍니다.

figure out
해결하다, 알아내다

I can't figure out this math problem.
이 수학 문제를 모르겠어.

Let me help you figure it out.
나랑 같이 해결해 보자.

After a storm comes a calm
폭풍이 지나면 고요해진다

This has been the worst week ever, but at least it's Friday now.
이번 주는 정말 최악이었지만, 적어도 이제 금요일이야.

After a storm comes a calm. Next week will be better.
폭풍이 지나면 고요해지는 거야. 다음 주는 더 나을 거야.

- **Peace returns**
  평화가 돌아오다
- **Things settle down**
  상황이 진정되다

폭풍이 지나가면 날씨가 잠잠해지는 자연 현상에서 비롯한 표현이에요. 어려운 시기가 지나가면 평온한 시간이 찾아온다는 뜻이죠. 삶에서 힘든 시간은 영원하지 않다는 희망을 전하고 있어요.

It's not rocket science
어려운 일이 아니다

비슷한 말

- **Easy as pie**
  파이 먹는 일처럼 간단하다
- **It's not brain surgery**
  뇌 수술만큼 어렵지 않다
- **Simple as that**
  정말 쉽다

어디에서 온 말?

2차 대전 후 미국으로 건너온 독일 과학자들은 복잡한 로켓 과학을 발전시켰어요. 1985년 펜실베이니아 신문의 "미식축구 코칭은 로켓 과학도 아니고 뇌 수술도 아니다"라는 기록이 이 표현의 최초 사용이에요. 복잡해 보여도 별것 아닌 일을 재미있게 강조하고 있어요.

Mighty oaks from little acorns grow

큰 참나무는 작은 도토리에서 자란다

My YouTube channel only has ten subscribers.
내 유튜브 채널은 구독자가 열 명뿐이야.

Don't worry.
Mighty oaks from little acorns grow.
걱정 마. 큰 참나무는 작은 도토리에서 자라는 법이야.

비슷한 말

- **Big things start little**
  큰 것도 작게 시작한다
- **Every expert was once a beginner**
  모든 전문가도 처음에는 초보였다
- **Start small**
  작게 시작하다

어디에서 온 말?

14세기부터 쓰였던 이 표현은 라틴어 "Parvis e glandibus quercus (작은 도토리에서 참나무가 자란다)"에서 유래했어요. 커다란 참나무는 작은 도토리 열매에서 시작해요. 작은 시도나 아이디어도 시간이 지나면 놀라운 결과로 이어질 수 있다는 메시지를 담은 관용어예요.

You reap what you sow
뿌린 대로 거둔다

My room is always messy,
but I never have time to clean it.
내 방은 항상 지저분한데, 치울 시간이 없어.

You reap what you sow.
Spend 10 minutes cleaning each day.
뿌린 대로 거두는 거야. 매일 10분씩 정리해 봐.

A dime a dozen
흔하디흔한

Look at all these pretty flowers in the park!
공원에 이 예쁜 꽃들 좀 봐!

Yes, but dandelions are **a dime a dozen**.
The rare ones are more special.
맞아, 하지만 민들레는 흔하디흔해. 드문 꽃들이 더 특별하지.

비슷한 말

- **Common as dirt**
  흙처럼 흔한
- **Everywhere**
  어디에나 있는
- **Nothing special**
  별거 아닌

어디에서 온 말?

1800년대 미국에서는 dime(10센트) 하나로 물건을 12개(dozen)나 살 수 있었어요. 이 표현은 그만큼 싸고 흔한 것을 나타낸답니다. 매우 흔하거나 특별하지 않은 것을 가리킬 때 사용해요.

Hard work pays off
노력은 보상받는다

- **Effort brings results**
  노력이 결과를 낳는다

- **You get what you put in**
  넣은 만큼 얻는다

pay off는 원래 "빚을 갚다"라는 뜻이에요. 꾸준히 연습하고 노력하면 좋은 결과를 얻는다는 뜻으로도 쓰여요. 미국의 개척 시대 농부들은 열심히 밭을 갈고 씨를 뿌리면 수확이 좋아 빚을 갚을 수 있었어요. 이 표현은 이런 경험에서 나왔답니다.

I've been practicing this piano song
for three weeks straight.
이 피아노 곡을 3주 동안 계속 연습했어.

Keep going. Hard work pays off.
You'll nail it soon.
계속해. 노력은 보상받아. 곧 완벽하게 칠 수 있을 거야.

Nip it in the bud
미리 막다, 싹을 자르다

My brother is being rude to our parents.
내 남동생이 부모님께 무례하게 굴어.

You should nip it in the bud.
문제가 커지기 전에 미리 막아야 해.

비슷한 말

- **Head it off**
  ~을 막다

- **Put an end to it**
  끝장내다

- **Stop it early**
  일찍 멈추다

어디에서 온 말?

정원 가꾸기에서 비롯한 표현이에요. nip은 "꼬집다, 자르다"를, bud는 '새싹, 꽃봉오리'를 뜻해요. 정원사들이 좋지 않은 싹을 일찍 잘라서 식물이 건강하게 자라도록 하듯, 문제가 작을 때 미리 해결하라는 뜻을 담고 있어요.

Step up to the plate
책임을 지다

Who's going to walk our neighbor's dog while they're away?
이웃집 사람들이 집 비운 동안 강아지 산책은 누가 시켜?

I'll **step up to the plate**. I can help out.
내가 책임질게. 도와줄 수 있어.

비슷한 말

- **Rise to the challenge**
  도전에 나서다

- **Take the lead**
  앞장서다

- **Take responsibility**
  책임을 지다

어디에서 온 말?

이 표현에서 plate는 야구의 '홈플레이트'를 가리켜요. 홈플레이트 앞으로 나가는 타자에게서 비롯한 관용어예요. 어려운 상황이나 중요한 순간에 용기를 내어 나서는 것을 의미할 때 쓰곤 해요.

April 23rd

You can't see the forest for the trees
나무만 보고 숲을 보지 못하다

I'm so focused on this one math problem that I can't finish my homework.
이 수학 문제에 너무 집중한 나머지 숙제를 끝내지 못하고 있어.

You can't see the forest for the trees.
나무만 보고 숲을 보지 못하고 있네.

- **Focus too much on details**
  세부 사항에 너무 집중하다
- **Lose sight of the goal**
  목표를 놓치다
- **Miss the big picture**
  큰 그림을 놓치다

1546년, 존 헤이우드의 영국 속담집에 실린 오래된 표현이에요. 나무 하나하나에 너무 집중하다 보면 전체 숲을 볼 수 없듯 작고 자세한 무언가에 너무 정신을 쏟으면 중요한 전체 흐름을 놓칠 수 있다는 뜻이랍니다.

Give it your all
최선을 다하다

I'm nervous about my first soccer tryout tomorrow.
내일 첫 축구 선발전이 걱정돼.

Just **give it your all**. That's what matters.
그냥 최선을 다하면 돼. 그게 중요해.

비슷한 말

- **Do your best**
  최선을 다하다

- **Leave nothing on the table**
  모든 것을 다 쏟다

- **Put in 100%**
  100% 쏟아붓다

어디에서 온 말?

20세기 초의 스포츠 코치들이 "모든 걸 쏟아부어라"라고 선수들을 격려한 말에서 널리 퍼진 표현이에요. 이은 자신이 가진 모든 능력, 에너지, 집중력을 가리켜요. 결과에 상관없이 열심히 했다면 의미 있다는 뜻을 보여 주고 있어요.

Don't rain on my parade
찬물 끼얹지 마

What if nobody comes to your talent show performance?
네 장기자랑 공연에 아무도 안 오면 어떡해?

Don't rain on my parade!
찬물 끼얹지 마!

비슷한 말

- **Burst someone's bubble**
  ~의 꿈을 깨트리다
- **Don't be a downer**
  분위기를 깨지 마
- **Kill the mood**
  분위기를 망치다

어디에서 온 말?

즐거운 축제에 비가 내리면 분위기가 망가져요. 이 표현은 어떤 일이나 다른 사람의 기쁨, 흥분에 찬물을 끼얹는 행동을 비유하고 있어요. 뮤지컬 〈Funny Girl〉의 유명한 노래 제목으로도 알려져 있어서 미국에서는 많이 쓰이는 일상 표현이기도 해요.

Challenge yourself
도전하다

Still waters run deep
고요한 물이 깊이 흐른다

비슷한 말

- **Looks can be deceiving**
  겉보기와 다르다

- **More than meets the eye**
  보이는 것이 다가 아니다

어디에서 온 말?

얕은 물은 바닥이 보이고 시끄럽게 흐르지만 깊은 물은 바닥이 보이지 않고 조용히 흘러요. still은 '고요한, 움직이지 않는'이라는 뜻이에요. 말이 없거나 조용한 사람에게 오히려 깊은 생각과 지혜가 있을 수 있다는 의미의 관용어랍니다.

Aim high and reach for the stars
크게 꿈꾸다, 높은 목표를 세우다

비슷한 말

- **Dream big**
  큰 꿈을 꾸다
- **Set high standards**
  높은 기준을 세우다
- **Shoot for the moon**
  달을 향해 도전하다

어디에서 온 말?

17세기 영국의 시인 조지 허버트는 "하늘을 겨냥하는 자가 나무를 겨냥하는 자보다 훨씬 높이 쏜다"라고 했어요. 이 표현에서 aim은 "겨냥하다"라는 뜻이에요. 목표를 크게 잡으면 결과도 더 좋아질 수 있다는 자신감 넘치는 관용어랍니다.

A rolling stone gathers no moss

구르는 돌에는 이끼가 끼지 않는다

비슷한 말

- **Keep moving forward**
  계속 앞으로 나아가다
- **Stay active**
  활동적이다

어디에서 온 말?

이 표현은 중세부터 영국에서 쓰였어요. 계속 굴러다니느라 이끼가 붙지 않은 돌에서 이 관용어가 유래했답니다. 오늘날 미국에서는 여러 경험을 하며 새로움을 유지할 때 많이 쓰곤 해요. 다양한 활동에 도전하는 용기를 응원하는 뜻으로 말이에요.

비슷한 말

- **Anything is possible**
  무엇이든 가능하다
- **Dream big**
  큰 꿈을 꾸다

어디에서 온 말?

19세기에 카드 게임에서 돈을 하늘 만큼 높이 걸 수 있다는 말에서 비롯한 표현이에요. 지금은 하늘처럼 한계가 없다는 뜻으로 바뀌었어요. 무한한 가능성과 꿈을 응원할 때 이 관용어를 쓴답니다.

One swallow doesn't make a summer
제비 한 마리가 왔다고 여름이 된 것은 아니다

I won one game! I'm the champion!
한 게임 이겼어! 나는 챔피언이야!

One swallow doesn't make a summer.
제비 한 마리가 왔다고 여름이 된 건 아냐.

- **Don't jump to conclusions**
  성급한 결론을 내리지 마라
- **It's too early to tell**
  말하기에는 너무 이르다
- **Wait and see**
  기다려 보다

고대 그리스의 철학자 아리스토텔레스의 글에서 유래한 표현이에요. 제비 한 마리가 날아왔다고 여름이 온 것은 아니듯, 한 번의 좋은 일이나 성공이 완벽한 성공은 아니라는 뜻이에요.

9
September
Practice and
Succeed

Not one's cup of tea
내 취향이 아니야

Do you want to join the chess club with me?
나랑 같이 체스 동아리 들어갈래?

Thanks, but chess is **not my cup of tea**.
I prefer sports.
고마워, 하지만 체스는 내 취향이 아니야. 나는 운동을 더 좋아해.

- **Not for me**
  나한테는 안 맞아
- **Not interested**
  관심 없다
- **Not my thing**
  내 스타일이 아니야

어디에서 온 말?

1930년대 영국에서 시작된 표현이에요. 차(tea)를 정말 좋아한 영국 사람들은 자신에게 맞는 차를 'my cup of tea'라고 했어요. 자신의 취향에 맞지 않으면 'not my cup of tea'라고 했지요. 영국에서 시작된 표현이지만 미국에서도 아주 많이 쓰여요.

Time is money
시간은 돈이다

비슷한 말

- **Don't waste time**
  시간을 낭비하지 않다
- **Every minute counts**
  매 순간이 중요하다
- **Use your time wisely**
  시간을 현명하게 쓰다

어디에서 온 말?

미국의 발명가 벤저민 프랭클린이 한 말로 널리 알려진 표현이에요. 시간을 허투루 쓰는 것은 돈을 버리는 것과 같다는 뜻이에요. 시간을 소중히 여기고 효율적으로 사용하라는 교훈을 잘 보여 줘요.

Take a rain check
다음에 하다, 다음 기회에 하다

Want to go to the park and play soccer?
공원에 가서 축구할래?

I'd love to, but I have homework.
Can I take a rain check?
정말 하고 싶지만 숙제가 있어. 다음에 해도 될까?

- **Another time**
  다른 때에
- **Let's reschedule**
  일정을 다시 잡다
- **Maybe next time**
  다음에 하다

어디에서 온 말?

1800년대 미국 야구장에서 생긴 표현이에요. 비가 와서 경기가 취소되면 관중에게 'rain check(우천 연기 표)'를 나눠 줘서 다음에 무료로 경기를 볼 수 있게 했어요. 지금은 제안을 정중히 거절하면서 나중에 하자고 할 때 쓰는 표현이에요.

First things first
중요한 것부터 하다

- **Make a plan**
  계획을 세우다

- **One thing at a time**
  한 번에 하나씩

- **Set priorities**
  우선순위를 정하다

가장 중요한 일부터 먼저 하라는 뜻의 관용어예요. 시간 관리 습관을 강조하는 책에서도 자주 다뤄지고, 실제 생활 속에서도 중요한 일부터 실천할 때 이 표현을 많이 써요.

Seize the day
놓치지 않다, 지금 이 순간을 즐겨라

It's such a perfect spring day.
What should we do?
정말 완벽한 봄날이야. 뭘 할까?

Let's **seize the day** and go for a picnic in the park.
오늘을 놓치지 말고 공원에 피크닉 가자.

비슷한 말

- **Live for today**
  오늘을 위해 살다
- **Make the most of today**
  오늘을 최대한 활용하다
- **Carpe diem**
  오늘을 즐기다

어디에서 온 말?

"꼭 잡다"라는 뜻의 seize가 들어간 이 표현은 고대 로마의 "Carpe diem(오늘을 잡아라)"에서 유래했어요. 나무에서 과일을 따듯 오늘을 잡아서 놓치지 말라는 의미를 담았답니다. 시간은 빨리 지나가니 지금 이 순간을 꼭 붙잡고 열심히 살라는 뜻이에요.

비슷한 말

- **Big talk, no action**
  말만 크고 행동은 없다
- **Empty threats**
  말뿐인 위협
- **More show than substance**
  보여 주기만 하고 실속이 없다

어디에서 온 말?

개의 행동에서 비롯한 표현이에요. 어떤 개들은 크게 짖기만 하고(bark) 실제로는 물지 않거든요(no bite). 19세기 초 영국에서 있었던 "His bark is worse than his bite(말은 거칠어도 나쁜 사람은 아니다)"라는 말에서도 유래했어요. 겉과 속이 다르거나 허세 부리는 이에게 쓰기 좋은 관용어예요.

5

May

Home and Family

Money doesn't grow on trees
돈은 저절로 생기지 않는다

Can you buy me that expensive video game?
그 비싼 비디오 게임 사 줄 수 있어?

Money doesn't grow on trees.
You need to save up for it.
돈은 저절로 생기지 않아. 돈 모아서 사자.

비슷한 말

- **Money doesn't come easy**
  돈은 쉽게 오지 않는다

- **Value of money**
  돈의 가치

- **Work for your money**
  돈을 직접 벌어야 해

어디에서 온 말?

1960년대 미국에서 부모들이 아이에게 돈의 소중함을 가르치기 위해 쓰던 표현이에요. 돈은 열심히 일해서 벌어야 한다는 사실을 알려 주는 관용어이지요. 절약과 책임감을 알려 줄 때 자주 쓰곤 한답니다.

Home is where the heart is
집은 마음이 머무는 곳이다

I miss our house when I'm at camp.
캠프에 있으면 우리 집이 그리워.

That's because **home is where the heart is**.
그건 집이 마음이 있는 곳이기 때문이야.

비슷한 말

- **Feel at home**
  집처럼 편안하다
- **Right at home**
  아주 편안한

어디에서 온 말?

이 표현은 200년 전쯤 영국의 한 시집에서 처음 등장했어요. '마음'이라는 뜻의 heart는 집이라는 건물이 아니라 마음이 편안한 곳을 나타내요. 옛날 사람들도 우리처럼 가족과 함께 있는 곳을 진짜 집이라고 생각했던 거죠.

비슷한 말

- **Opportunity lost**
  기회를 잃다

- **Time ran out**
  시간이 다 되다

- **You snooze, you lose**
  꾸물거리면 놓친다

어디에서 온 말?

배를 타고 여행하던 19세기에는 정해진 시간에 오는 배를 놓치면 다음 시간까지 오래 기다려야 했어요. 이 표현은 이런 경험에서 비롯했어요. 중요한 기회를 놓쳤거나 때를 지나쳤을 때 쓰기 좋은 관용어예요.

There's no place like home
집이 최고다

It was fun, but **there's no place like home**.
재미있었지만, 역시 집이 최고야.

비슷한 말

- **Good to be home**
  집에 오니 좋다
- **Nothing like home**
  집만 한 곳은 없다

어디에서 온 말?

이 표현은 1823년 〈Home! Sweet Home!〉이라는 노래에서 비롯했답니다. 이후 영화 〈오즈의 마법사〉에서 도로시가 빨간 구두를 신고 "There's no place like home"을 세 번 외치며 집으로 돌아가는 장면 덕분에 더욱 유명해졌어요. 아무리 멋진 곳이라도 집만큼 편안한 곳은 없다는 뜻이에요.

Lion's share
가장 큰 몫

Why did Minji get most of the cake?
왜 민지가 케이크를 거의 가져갔어?

She got the lion's share because she won the game.
게임에 이겨서 가장 큰 몫을 받은 거야.

어디에서 온 말?

사자와 다른 동물들이 함께 사냥한 후 먹이를 나누는 이솝 우화에서 유래한 표현이에요. 사자는 "나는 왕이니 1/4, 또 사냥을 도왔으니 1/4, 또 가장 빨랐으니 1/4을 갖겠다. 여기 남은 1/4은 나와 싸울 용기가 있는 자가 가져가라"며 모든 몫을 차지했어요.

A roof over your head
집이 있어 다행이다

비슷한 말

- **A place to call home**
  내 집이라고 부를 수 있는 곳
- **Safe and sound**
  집에서 안전하게

어디에서 온 말?

이 표현은 머리 위에 지붕이 있다는 뜻이 아니라, "집이 있어 다행이다"라는 뜻이에요. 집이 없으면 비바람을 피할 수 없어서 힘들겠지요? 아무리 작은 집이라도 머물 곳이 있다는 자체가 축복이라는 뜻이기도 해요. 우리 집의 소중함을 일깨워 주는 관용어랍니다.

Achilles heel
치명적인 약점

I'm good at everything except singing.
I'm totally tone-deaf.
난 뭐든 잘하는데 노래는 자신 없어. 음치야.

It's okay. Everyone has an Achilles heel.
괜찮아. 누구나 약점 하나쯤은 있어.

비슷한 말

- **Fatal flaw**
  치명적인 결함
- **Vulnerable point**
  취약점
- **Weak spot**
  약한 부분

어디에서 온 말?

이 표현은 그리스 신화의 영웅 아킬레우스에서 유래했어요. 아킬레우스의 어머니가 죽지 않는 몸으로 만들기 위해 그를 스틱스 강물에 담갔어요. 하지만 잡고 있던 발뒤꿈치(heel)만 물에 닿지 않아 그곳이 유일한 약점이 되었답니다. 훗날 아킬레우스는 발뒤꿈치에 화살을 맞아 죽고 말았어요.

Flesh and blood
혈육, 혈연관계

비슷한 말

- **Blood relative**
  혈족

- **Born and raised**
  태어나고 자란

- **Born into the same family**
  같은 가족으로 태어난

어디에서 온 말?

이 표현은 오래전부터 쓰였어요. flesh는 '살', blood는 '피'라는 뜻으로 같은 부모에게서 태어난 혈연관계를 가리켜요. 글자 그대로 같은 살과 피를 나눈 가족은 특별한 유대감이 있다는 뜻이에요.

Cat got your tongue
말문이 막히다

Why are you so quiet today?
오늘 왜 이렇게 조용해?

I'm just nervous about the new class.
Cat got my tongue, I guess.
새 반이라 긴장돼서 말이 안 나와.

어디에서 온 말?

16세기부터 쓰인 오래된 관용어예요. 고양이가 사람의 혀를 가져가서 말을 못하게 했다는 재미난 상상이 유래로 전해져요. 이 유래 외에도 고대 이집트에서 거짓말쟁이의 혀를 잘라 고양이에게 먹였다는 이야기도 있어요. 지금은 당황해서 갑자기 말이 안 나올 때 쓰는 표현이에요.

Apple of one's eye
눈에 넣어도 아프지 않을 소중한

- **Light of my life**
  내 인생의 빛
- **Precious one**
  소중한 사람
- **Pride and joy**
  자랑거리

이 표현에서 사과는 '눈동자'를 뜻해요. 옛날 사람들은 둥글고 반짝반짝 빛나는 눈동자가 사과와 비슷하다고 생각했답니다. 이 관용어는 "나를 눈동자처럼 지켜 주신다"라는 성경 말씀에서 시작되었어요.

Your little sister is so cute.
She follows you everywhere.
네 여동생 정말 귀엽다. 어디든지 너를 따라다니네.

Yeah, she's the apple of my eye.
I love her so much.
응, 눈에 넣어도 아프지 않을 소중한 존재야. 정말 많이 사랑해.

Beat around the bush
빙빙 돌려서 말하다

비슷한 말

- **Get to the point**
  요점을 말하다
- **Say it straight**
  솔직하게 말하다
- **Stop stalling**
  시간 끌지 마

어디에서 온 말?

이 관용어는 중세 시대의 새 사냥에서 유래했어요. 사냥꾼들은 새를 잡을 때 덤불(bush) 주변을 막대기로 두드리며(beat) 새를 몰아냈어요. 그런데 새는 잡지 않고 덤불만 계속 두드리는 모습에서 이 표현이 비롯했답니다. 중요한 말을 돌려 하는 행동을 비유해 쓰고 있어요.

Like father, like son
부전자전

Tommy loves building things, just like his dad.
토미는 아빠처럼 뭔가 만드는 걸 좋아해.

Like father, like son.
정말 부전자전이네.

- **Chip off the old block**
  부모를 쏙 빼닮은

- **Takes after**
  닮다

어디에서 온 말?

고대의 로마 시대부터 있었던 표현이에요. 라틴어로는 "Qualis pater, talis filius(아버지가 ~하면 아들도 그렇다)"라고 했답니다. 아이들이 부모의 특성이나 취미를 물려받는 자연스러운 모습을 잘 보여 주는 관용어예요.

August 22nd

Catch some Z's
쿨쿨 자다

비슷한 말

- **Get some sleep**
  잠을 좀 자다
- **Hit the hay(Hit the sack)**
  잠자리에 들다
- **Take a nap**
  낮잠 자다

어디에서 온 말?

잠들 때 나는 코 고는 소리 "ZZZ…"에서 비롯한 재미있는 관용어예요. 만화책에서 자는 사람 위에 그려 놓은 "ZZZ…"를 본 적이 있죠? 1960년대 미국 젊은이들이 "Z를 잡으러 간다"라고 말하며 퍼진 표현을 지금도 자야 할 때 귀엽게 써요.

The apple doesn't fall far from the tree

사과는 나무에서 멀리 떨어지지 않는다

비슷한 말

- **In one's genes**
  유전적으로 타고난

- **It's hereditary**
  유전적이다

- **Runs in the family**
  집안 내력이다

어디에서 온 말?

이 표현에는 자녀가 부모의 특성을 자연스럽게 물려받는다는 의미가 있어요. 영어뿐만 아니라 독일어, 러시아어 등의 언어에서도 비슷한 형태로 쓰인답니다. 오랜 세월 동안 여러 문화권에서 '부모를 닮는 자식'을 나타낼 때 쓰이고 있어요.

Speak of the devil
호랑이도 제 말 하면 온다

I wonder how Minjun is doing these days.
민준이가 요즘 어떻게 지내는지 궁금해.

Speak of the devil. There he comes.
호랑이도 제 말 하면 온다더니. 저기 오네.

비슷한 말

- **Just in time**
  딱 맞는 타이밍
- **Perfect timing**
  완벽한 타이밍
- **What a coincidence**
  정말 우연이네

어디에서 온 말?

16세기에는 이름을 부르면 악마가 나타난다고 믿었어요. 누군가 이야기하다가 말하는 상대가 갑자기 나타나면 익살스럽게 "Speak of the devil!"이라고 말한 데에서 비롯했지요. 지금은 말하는 당사자가 나타날 때 재미로 써요.

Love you to the moon and back
하늘만큼 땅만큼 사랑하다

Happy Mother's Day, Mom!
어머니의 날 축하해요, 엄마!

I **love you to the moon and back**, sweetie.
하늘만큼 땅만큼 사랑해, 귀여운 아가.

- **Love you so much**
  정말 많이 사랑하다

- **Love you with all my heart**
  마음을 다해 사랑하다

지구에서 멀리 떨어진 달에 갔다 오려면 엄청난 거리를 가야 해요. 그만큼 많이 사랑한다는 이 표현은 우리말의 '하늘만큼 땅만큼'과 같은 의미예요. 어린이 책 『내가 아빠를 얼마나 사랑하는지 아세요? (Guess How Much I Love You)』의 제목이기도 한 사랑스러운 표현이랍니다.

Add fuel to the fire
상황을 악화시키다

Dad's already upset about my grades.
아빠가 내 성적 때문에 화나셨어.

Don't mention the broken window.
That'll add fuel to the fire.
창문 깬 얘기는 하지 마. 상황만 악화시킬 거야.

어디에서 온 말?

이 표현은 글자 그대로 "불에 연료를 더한다"라는 뜻이에요. 타고 있는 불에 기름이나 나무를 더 넣으면 크게 타오르듯 자극적인 말이나 행동을 해서 상황을 더 나쁘게 할 때 쓰기 좋은 관용어랍니다.

Under one roof
한 지붕 아래

Do you get along with your sister?
여동생과 잘 지내니?

We fight sometimes, but we live
under one roof. We're family.
가끔 싸우지만, 한 지붕 아래 살잖아. 우린 가족이야.

비슷한 말

- **Live together**
  함께 살다
- **One big family**
  한 가족

어디에서 온 말?

지붕은 집을 상징하는 가장 중요한 부분이에요. 따라서 같은 지붕 아래 사는 '한 가족'을 나타낼 때 자주 쓰이곤 해요. 단순히 같은 집에 사는 것이 아니라 가족으로서의 유대감을 강조한 관용어로 사용되고 있어요.

Don't count your chickens before they hatch
닭이 부화하기도 전에 세지 마라

비슷한 말

- **Don't get ahead of yourself**
  너무 앞서 나가지 마
- **Not over until it's over**
  끝날 때까지 끝난 게 아니다
- **Wait and see**
  기다려 보다

어디에서 온 말?

이 표현은 이솝 우화에서 유래했어요. 시장에 가던 농부는 가져가는 달걀들이 모두 부화해 닭이 되고 그 닭들이 알을 낳는 미래를 꿈꾸고 있었죠. 그러다 달걀을 떨어트려 모두 깨트리고 말았어요. 우리말 속담으로 "김칫국 마시지 마"와 똑같은 의미랍니다.

비슷한 말

- **Be honest**
  솔직하게 말하다
- **Open up**
  마음을 열다

어디에서 온 말?

heart to heart는 마음과 마음이 직접 만나는 솔직한 대화를 가리켜요. 거짓말이나 꾸밈없이 진짜 속마음을 털어놓을 때 사용하는 표현이랍니다.

Can we have a **heart to heart** talk?
솔직하게 이야기해도 될까?

Of course. What's on your mind?
그럼. 뭔가 고민이 있어?

Don't put all your eggs in one basket
한곳에 모든 것을 걸지 마라

비슷한 말

- **Don't risk everything**
  모두를 걸지 마라
- **Have a backup plan**
  대비책을 마련하다
- **Spread the risk**
  위험을 분산하다

어디에서 온 말?

달걀들이 담긴 바구니를 떨어트리면 모두 깨진다는 상식에서 비롯한 표현이에요. 17세기 스페인 소설 『돈키호테』에도 등장하며 위험 요소는 되도록 나누라는 조언이 담겨 영어권에서 널리 쓰여요.

Make yourself at home
편히 있다

make yourself at home은 집에 있는 것처럼 만들라는 뜻이에요. 손님이 왔을 때 자신의 집처럼 자유롭게 행동하라는 따뜻한 대접의 표현이랍니다.

비슷한 말

- **Act early**
  일찍 행동하다

- **Fix it before it's too late**
  너무 늦기 전에 고쳐라

- **Prevention is better than cure**
  예방이 치료보다 낫다

어디에서 온 말?

작은 구멍을 제때 꿰매면 한 바늘로 끝나요. 꿰매기를 미루면 구멍이 더 커져서 아홉 번 꿰매야 한다는 데에서 유래한 표현이에요. 문제는 미리 고치거나 해결하는 것이 가장 좋다는 지혜를 담고 있어요.

Don't air dirty laundry in public
집안일은 밖에서 떠들지 마라

비슷한 말

- **Keep it private**
  비밀로 해 두다
- **Family business**
  가족 일

어디에서 온 말?

단어 air는 "빨래를 바람에 말리다"라는 뜻이에요. 옛날에는 밖에 널어 말린 더러운 빨래를 터는 일이나 그 모습을 다른 사람들에게 보이는 일을 창피하게 여겼어요. 이 표현에는 가족의 부끄러운 일이나 개인 문제를 다른 사람들 앞에서 이야기하지 말라는 뜻이 있어요.

Haste makes waste
서두르면 일을 망친다

I want to finish all my homework today.
오늘 숙제를 한 번에 끝내고 싶어.

Haste makes waste. It's better to do it carefully.
서두르면 실수해. 천천히 하는 게 나아.

Honesty is the best policy
정직이 최선의 방책이다

Should I tell Mom I broke
her favorite mug?
엄마가 좋아하시는 머그잔을 깨트렸다고 말해야 할까?

Honesty is the best policy.
She'll appreciate that you told the truth.
정직이 최선의 방책이야. 솔직하게 말한 걸 고마워하실 거야.

어디에서 온 말?

영국에서 비롯한 이 표현의 policy는 '정책, 방침'이라는 뜻이에요. 삶을 살아가는 가장 좋은 방침이 정직이라는 의미랍니다. 거짓말하면 나중에 더 문제가 커지지만 처음부터 정직하게 말하면 간단해진다는 지혜를 담고 있어요.

Kill two birds with one stone
일석이조

If we go to the library, we can study
and return books.
도서관에 가면 공부도 하고 책도 반납할 수 있어.

That's a great way to kill two birds
with one stone!
그거 일석이조잖아!

비슷한 말

- **Do two things at once**
  한 번에 두 가지 하기
- **Double benefit**
  이중 이익
- **Two for the price of one**
  하나 가격에 둘

어디에서 온 말?

16세기 영국에서 돌 하나로 새 두 마리를 맞추면 실력이 좋다고 여기던 데에서 시작된 표현이에요. 오늘날에는 동물 보호를 생각해 "Feed two birds with one scone"처럼 바꿔 쓰기도 해요.

Fight like cats and dogs
만날 싸우다

My little sister and I **fight like cats and dogs** every morning.
내 여동생과 나는 아침마다 만날 싸워.

That's normal for siblings.
But you still care about each other.
형제자매는 원래 그래. 그래도 서로 아끼잖아.

비슷한 말

- **Bicker constantly**
  계속 말다툼하다
- **Sibling rivalry**
  형제자매 간의 경쟁

어디에서 온 말?

만나기만 하면 으르렁거리며 싸우는 개와 고양이에게서 비롯한 표현이에요. 형제자매나 친구들은 자주 티격태격하지만 서로를 아끼고 있지요. 이런 관계를 유머러스하게 나타낼 때 사용하는 표현이에요.

Barking up the wrong tree
헛다리 짚다

I thought Seoyeon took my pencil case,
but it was in my locker.
서연이가 내 필통 가져간 줄 알았는데, 내 사물함에 있었어.

See? You were barking up the wrong tree!
그래? 헛다리 짚고 있었잖아!

비슷한 말

- **Jump to conclusions**
  성급하게 결론 내리다
- **Mistake**
  착각하다
- **On the wrong track**
  잘못된 길로 가고 있는

어디에서 온 말?

19세기의 미국 사냥 문화에서 유래한 표현이에요. 사냥감이 있지도 않은 나무 아래에서 허탕 치며 짖던 사냥개에서 "엉뚱한 방향으로 의심하다"라는 비유가 생겼어요. 잘못 짚은 추측이나 노력이 헛수고일 때 많이 써요.

At each other's throats
심하게 다투다, 눈만 뜨면 싸우다

The two candidates were really at each other's throats during the debate.
두 후보자가 토론 중에 정말 심하게 다퉜어.

Yeah, they couldn't agree on anything!
맞아, 아무것도 의견이 맞지 않았어!

- **Argue loudly**
  크게 말다툼하다

- **Fight with each other**
  서로 싸우다

- **Not get along**
  사이가 좋지 않다

16세기부터 사용된 오래된 표현이에요. 사이 나쁜 사람들이 서로 목을 움켜쥐고 싸우는 모습에서 유래했어요. 셰익스피어는 비극 작품 『코리올라누스(Coriolanus)』에서 "서로의 목을 움켜잡다"라는 뜻으로 이 표현을 사용했답니다. 그만큼 매우 격렬한 다툼을 나타내요.

Out of sight, out of mind
눈에서 멀어지면
마음에서도 멀어진다

비슷한 말

- **Forget easily**
  금방 잊어버리다
- **Long time no see**
  오랜만이야
- **Memory fades**
  기억이 희미해지다

어디에서 온 말?

이 표현은 13세기 라틴어 속담에서 유래했어요. 자주 보지 않으면 사람이나 물건도 마음에서 점점 잊힌다는 심리를 잘 담고 있어요. 오랫동안 연락하지 않은 친구가 멀게 느껴지는 상황에서도 이 관용어를 써요.

비슷한 말

- **Special time**
  특별한 시간
- **Family time**
  가족 시간
- **Meaningful moments**
  의미 있는 순간들

어디에서 온 말?

현대 사회에서 생긴 이 표현은 가족이 서로에게 온전히 집중하며 보내는 의미 있는 시간을 뜻해요. 가족끼리 진정한 소통을 나누는 시간을 가리킨답니다.

Easy come, easy go
쉽게 얻은 것은 쉽게 잃는다

I spent all my allowance on the first day of summer break.
방학 첫날에 용돈을 다 써 버렸어.

Easy come, easy go.
Next time, try to save some.
쉽게 얻으면 쉽게 잃는 법이야. 다음에는 좀 아껴 써.

비슷한 말

- **Easy in, easy out**
  쉽게 들어오고 쉽게 나간다

- **Here today, gone tomorrow**
  오늘 있다가도 내일 없다

- **Nothing lasts forever**
  영원한 것은 없다

어디에서 온 말?

이 관용어는 14세기부터 "Lightly come, lightly go"라는 표현으로 쓰였어요. 노력 없이 얻은 것은 금방 잃을 수 있다는 교훈이 담겨 있죠. 무언가 쉽게 얻었을 때 더 신중히 써야 한다는 의미로 자주 써요.

비슷한 말

- **Give and take**
  주고받기
- **Share and share alike**
  공평하게 나누다

어디에서 온 말?

이 표현은 나누다(share)와 배려하다(care) 두 단어가 운을 맞춰 만들어졌어요. 친구나 가족과 뭔가를 나눠 먹거나 쓸 때 사용하는 정말 친근한 표현이지요. 특히 어린이들이 간식이나 장난감을 나눠 쓸 때 자주 사용한답니다.

Time and tide
wait for no man
시간은 누구도 기다리지 않는다

비슷한 말

- **Don't delay**
  미루지 마라
- **Don't waste time**
  시간 낭비하지 마라
- **Time waits for no one**
  시간은 아무도 기다리지 않는다

어디에서 온 말?

time and tide는 '시간과 조수'를 뜻해요. 이 표현에서 tide는 옛날에 time과 같은 뜻으로 쓰여 강조를 위해 들어간 단어로 봐야 해요. 이 관용어에는 시간이나 기회는 스스로 잡을 때까지 기다려 주지 않는다는 지혜가 담겨 있답니다.

Help each other
서로 돕다

each other는 '서로, 상호간에'라는 뜻이에요. 한쪽만 도움을 주는 것이 아니라 양쪽이 도움을 주고받는다는 의미예요. 가족 혼자서 모든 일을 하는 것이 아니라 서로 도와야 한다는 중요한 가치를 담고 있답니다.

There are so many dishes after our pizza party.
피자 파티 후에 설거지가 너무 많아.

Let's help each other.
You wash, I'll dry.
서로 돕자. 네가 씻으면, 나는 닦을게.

A watched pot never boils
서두른다고 일이 되는 건 아니다

- **Patience is a virtue**
  인내는 미덕이다
- **Seems like forever**
  영원히 기다리는 것 같다
- **Time drags**
  시간이 더디 가다

무언가를 기다릴수록 시간은 왜 더 느리게 흐르는 것 같죠? 이와 같은 심리를 냄비가 끓기만 기다리는 모습에 빗댄 표현이에요. 냄비가 끓는 시간은 똑같지만 계속 지켜보고 있으면 훨씬 더 길게 느껴지잖아요. 미국에서 이 표현이 널리 쓰인 건 유명한 책에 실리면서부터예요.

비슷한 말

- **Have your back**
  네 편이다
- **Stand by you**
  네 편에 서다

어디에서 온 말?

be there는 "그곳에 있다"라는 뜻이지만, 여기에서는 단순히 있다는 것이 아니라 누군가를 지지하고 응원한다는 뜻이에요. 힘들거나 무서울 때 혼자가 아님을 알려 주는 따뜻한 표현이랍니다.

I'm scared about my piano recital tomorrow.
내일 피아노 발표회가 너무 떨려.

Don't worry. I'll **be there for you**.
걱정 마. 내가 네 곁에 있을게.

Pressed for time
시간이 없는, 시간에 쫓기는

비슷한 말

- **In a hurry**
  서두르는
- **Running out of time**
  시간이 다 되어 가는
- **Short on time**
  시간이 부족한

어디에서 온 말?

pressed는 "눌리다"라는 뜻이에요. 시간이 부족해서 무거운 바위가 우리를 짓누르듯 빨리해야 하는 상황을 가리켜요. 19세기 산업 혁명 때 공장에서 정해진 시간에 일을 끝내야 했던 압박에서 비롯한 표현이랍니다.

Stick together
함께하다, 뭉치다

- **Stay close**
  가까이 있다
- **Stand united**
  하나로 뭉치다

stick은 "붙다, 달라붙다"라는 뜻이에요. stick together는 풀로 붙인 듯 떨어지지 않고 함께 있다는 의미예요. 어려운 상황에서도 가족은 서로를 버리지 않고 뭉쳐서 문제를 해결한다는 표현이랍니다.

Take a break
잠깐 쉬다, 휴식을 취하다

We've been hiking for two hours without stopping.
두 시간이나 쉬지 않고 산을 올랐어.

Let's **take a break** and enjoy the view.
잠깐 쉬면서 경치 좀 보자.

비슷한 말

- **Catch your breath**
  숨을 고르다
- **Rest for a moment**
  잠깐 쉬다
- **Take a breather**
  잠시 숨을 돌리다

어디에서 온 말?

19세기에 운동 경기와 직장 생활에서 널리 쓰인 표현이에요. "잠깐 멈추다"라는 뜻의 break는 바쁜 활동에서 잠시 숨을 돌리는 것이에요. 한 경기를 마치고 숨을 고르던 권투 선수의 모습에서 유래했어요. 지금은 "잠깐 쉬자"를 가장 쉽게 나타내는 표현이랍니다.

A stab in the back
배신하다, 뒤통수를 치다

Lisa shared my secret after promising not to.
리사가 비밀로 하겠다고 약속하고는 말해 버렸어.

That's a stab in the back.
정말 배신이네.

비슷한 말

- **Backstabber**
  뒤통수를 치는 사람
- **Betray someone**
  ~를 배신하다
- **Two-faced**
  겉과 속이 다른 사람

어디에서 온 말?

몰래 누군가를 배신했을 때 쓰는 표현이에요. 칼로 정말 등을 찌르는 게 아니라 믿었던 사람이 몰래 해를 끼치는 행동을 나타내요. 우리말 속담의 "믿는 도끼에 발등 찍힌다"와 정확히 같은 의미랍니다.

Beat the heat
더위를 피하다

비슷한 말

- **Cool off**
  더위를 식히다
- **Find some shade**
  그늘을 찾아가다
- **Stay cool**
  시원하게 지내다

어디에서 온 말?

어떤 적처럼 여긴 더위를 이기거나 물리친다는 뜻을 담고 있어요. 무더운 날씨에 시원한 곳으로 가거나, 찬 음료를 마시며 더위를 쫓아내는 상황에 자주 써요. 영어권 어린이들도 여름마다 이 관용어를 즐겨 쓴답니다.

May 22nd

Beauty is in the eye of the beholder
제 눈에 안경이다

I found this ordinary rock, but it looks like a heart to me.
평범한 돌멩이를 찾았는데, 내게는 하트처럼 보여.

Beauty is in the eye of the beholder. You see something special in it.
제 눈에 안경이야. 거기에서 특별한 뭔가를 본 거야.

- **Everyone is different**
  사람마다 다르다

- **That's your opinion**
  그건 네 생각이야

- **We all see things differently**
  모두 다르게 보다

1878년 아일랜드 작가가 쓴 소설에서 처음 사용한 표현이에요. 같은 것을 봐도 사람마다 다르게 느끼기 마련이에요. 이 관용어는 저마다 다른 취향을 가지는 것이 자연스럽다는 지혜를 담고 있답니다.

Soak up the sun
햇볕을 쬐다

비슷한 말

- **Enjoy the sunshine**
  햇빛을 즐기다
- **Lie in the sun**
  햇볕에 누워 있다
- **Sunbathe**
  일광욕하다

어디에서 온 말?

soak up은 원래 "스펀지처럼 흡수하다"라는 뜻이에요. 햇볕을 몸으로 쏙쏙 받아들이며 기분 좋게 쉬기 때문에 바닷가나 공원에서 즐길 때 자주 써요. 일광욕뿐만 아니라 햇볕을 받으며 여유롭게 노는 상황에도 쓸 수 있어요.

Hit the sack
자다, 잠자리에 들다

We practiced for the school sports day all afternoon-I'm exhausted.
하루 내내 운동회 연습을 하고 나니까 완전 지쳤어.

Me too. Time to **hit the sack**.
나도. 이제 자러 가야지.

비슷한 말

- **Call it a night**
  오늘 밤은 이만 끝내다
- **Go to bed**
  잠자리에 들다
- **Turn in**
  잠자리에 들다

어디에서 온 말?

이 표현에서 sack은 '자루, 포대'를 뜻해요. 20세기 초 미국의 개척 시대 사람들은 지푸라기나 건초를 자루에 넣어서 침대로 사용했어요. 이 관용어는 힘든 하루를 마치고 자루 침대에 털썩 눕는 모습에서 비롯했답니다. 지금은 얼른 자고 싶다는 뜻으로 자주 쓰여요.

Dog days of summer
한여름의 무더위

비슷한 말

- **I'm melting**
  녹아내릴 듯 덥다
- **It's boiling**
  끓어오를 것 같이 덥다
- **Scorching hot**
  타는 듯이 더운

어디에서 온 말?

개와 전혀 관련이 없는 표현이에요. 고대 그리스와 로마에서는 가장 밝은 별 시리우스를 '개자리 별'이라고 불렀어요. 이 별이 태양과 함께 떠오르는 7~8월이 가장 더운 시기였거든요. 7월 3일부터 8월 11일까지를 'dog days'라고 부르며 무더위를 나타낼 때 이 표현을 사용해요.

Family bond
가족의 유대

비슷한 말

- **Family ties**
  가족 관계
- **Strong connection**
  강한 연결(유대)

어디에서 온 말?

원래 밧줄이나 사슬을 뜻하던 'Bond'는 '끈, 유대'라는 뜻이에요. 어떤 두 가지를 묶어 주는 것을 의미하는 단어이지요. 가족의 유대는 눈에 보이지 않지만 가족 구성원들을 강하게 연결해주는 특별한 끈 같은 것이에요.

Why is family so important?
왜 가족이 그렇게 중요해?

Because we have a special **family bond** that can't be broken.
끊어질 수 없는 특별한 유대가 있기 때문이야.

Round the clock
24시간 내내

비슷한 말

- **24/7**
  24시간, 주 7일 내내
- **Day and night**
  밤낮으로
- **Non-stop**
  쉬지 않고

어디에서 온 말?

1940년대 2차 대전 중 24시간 내내 일했던 군수 공장에서 비롯한 표현이에요. 치열하게 싸우는 군인들에게 필요한 무기를 쉴 새 없이 만들어야 했던 군수 공장은 불이 꺼지지 않았거든요. 이후 시곗바늘이 시계 판을 완전히 한 바퀴 도는 모습에서 '하루 내내'라는 뜻이 되었답니다.

I'll miss you when you move to another city.
네가 다른 도시로 이사 가면 그리울 거야.

Don't worry. We'll keep in touch.
걱정 마. 계속 연락할게.

비슷한 말

- **Keep in contact**
  연락을 계속하다
- **Stay connected**
  연락을 유지하다

어디에서 온 말?

touch는 "만지다, 접촉하다"라는 뜻이에요. touch가 들어간 이 표현은 멀리 떨어져 있어도 전화, 문자, 편지 등으로 연락을 주고받는다는 의미예요. 가족이나 친구와의 관계를 소중히 여기고 끊어지지 않게 하려는 마음을 표현해 줘요.

In the nick of time
간발의 차로

비슷한 말

- **At the last minute**
  마지막 순간에
- **By a hair's breadth**
  아슬아슬하게
- **Just in time**
  딱 맞는 시간에

어디에서 온 말?

nick은 본래 '칼집, 작은 흠집'이라는 뜻이에요. 딱 맞는 순간에 해냈을 때 이 표현을 써요. 시계가 없던 아주 먼 옛날, 막대기에 작은 칼집을 내어 시간을 나타냈던 데에서 비롯한 관용어랍니다.

Mum's the word
비밀로 해 두다

I know who's performing the surprise dance at our spring festival!
나 봄 축제에서 깜짝 댄스 공연을 누가 하는지 알아!

Mum's the word. I won't tell anyone.
비밀로 할게. 아무한테도 말 안 해.

비슷한 말

- **Don't tell a soul**
아무에게도 말하지 않다

- **Keep it secret**
비밀로 하다

- **My lips are sealed**
입을 꼭 다물다

어디에서 온 말?

이 표현에서 mum은 엄마가 아니에요. 중세 영어에서는 입을 꼭 다물고 내는 "음~" 소리를 mum이라고 했어요. 입을 꼭 다물고 비밀을 지키라는 뜻에서 손가락을 입에 대고 "쉿!" 하는 모습을 떠올리면 이해하기 쉬워요.

In the blink of an eye
순식간에

Summer vacation went by so quickly.
여름휴가가 너무 빨리 지나갔어.

I know.
It disappeared in the blink of an eye.
맞아. 순식간에 사라졌어.

비슷한 말

- **In a split second**
  아주 짧은 순간에
- **In no time**
  곧, 당장에
- **Quick as lightning**
  번개처럼 빠르게

어디에서 온 말?

영어 성경에 "In a moment, in the twinkling of an eye(눈 깜짝할 사이에)"라는 구절이 나와요. 눈을 한 번 깜빡이는 건 0.1초도 안 될 만큼 짧아요. 이처럼 아주 빠른 순간을 나타낼 때 자주 쓰는 표현이랍니다.

Generation to generation
대대로

Time flies
시간이 빠르게 간다

I can't believe it's already August.
벌써 8월이라니 믿을 수가 없어.

Time flies during summer vacation.
여름휴가를 즐기다 보니 시간이 빨리 가네.

- **Before you know it**
  어느새
- **In a flash**
  순식간에
- **Time goes by**
  시간이 흐르다

이 표현은 라틴어 "Tempus fugit (시간은 날아간다)"에서 비롯했어요. 고대 로마 시인 베르길리우스가 쓴 시에서 처음 쓰였고 지금은 영어로도 시간이 훅 날아가 버리듯 너무 빨리 간다고 할 때 자주 쓰여요.

비슷한 말

- **Family matters most**
  가족이 가장 중요하다
- **Put family first**
  가족을 최우선으로 하다

어디에서 온 말?

가족이 1순위라는 의미를 담은 표현이에요. 친구들과의 약속이나 개인적인 일보다 가족이 더 중요하다는 생각을 잘 보여 주는 관용어랍니다.

8
August
Time and Habits

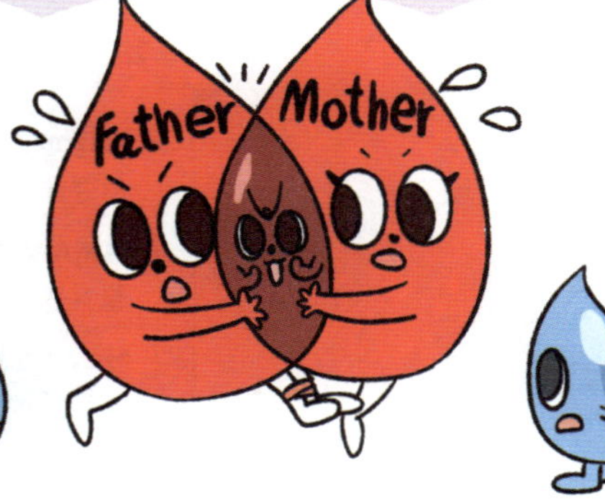

Blood is thicker than water
피가 물보다 진하다

비슷한 말

- **Family loyalty**
  가족에 대한 의리
- **Stick by family**
  가족을 지지하다

어디에서 온 말?

피는 물보다 진하다는 게 무슨 뜻일까요? 물보다 더 색이 진하기도 하지만 혈연관계가 다른 누구와의 관계보다 더 끈끈하고 중요하다는 뜻이에요. 12세기 독일에서 시작된 이 표현은 어떤 상황에서도 가족은 서로를 지켜 준다는 것을 보여 줘요.

Bon voyage
좋은 여행

- **Enjoy your journey**
  여행을 즐기다
- **Happy travels**
  즐거운 여행
- **Have a wonderful trip**
  멋진 여행을 하다

I'm so excited about my cruise tomorrow.
내일 크루즈 여행이 정말 기대돼.

Bon voyage. I hope you have an amazing time.
좋은 여행 되길. 정말 멋진 시간 보내길 바라.

어디에서 온 말?

bon voyage는 프랑스어로 '좋은'이라는 bon과 '여행'이라는 voyage가 더해진 표현이에요. 1700년대 말부터 영국 사람들이 멀리 떠나는 가족이나 친구에게 인사할 때 프랑스어 그대로 써서 멋을 냈던 것이 시작이에요. 지금은 영어에서도 멋지고 특별한 여행에 쓰는 국제적인 인사말로 자리 잡았어요.

Charity begins at home
자선은 집에서 시작된다

비슷한 말

- **Family responsibility**
  가족에 대한 책임

- **Look after family first**
  가족을 먼저 돌보다

- **Take care of your own**
  가족부터 살피다

어디에서 온 말?

영국에서 유래한 표현이에요. 자신과 관계가 없는, 멀리 있는 사람들을 먼저 도우려고 하기 전에 가까운 가족부터 사랑하고 돌보라는 현실적인 지혜를 잘 보여 줘요. 우리말 속담 "팔은 안으로 굽는다"와 비슷한 뜻이랍니다.

Variety is the spice of life
다양한 게 인생의 재미다

비슷한 말

- **Life is an adventure**
  인생은 모험이다

- **Mix things up**
  다양하게 해 보다

- **Try new things**
  새로운 걸 시도하다

어디에서 온 말?

이 표현은 18세기 영국의 시인 윌리엄 카우퍼가 쓴 시에서 유래했어요. 음식에 맛을 더하는 양념(spice)처럼 여러 경험이 삶을 더 흥미롭게 한다는 뜻이에요. 늘 똑같은 일상보다 새로운 무언가를 할 때 더 즐거워진다는 교훈을 담고 있어요.

Hit close to home
가슴 깊이 와닿다

비슷한 말

- **Ring true**
  진실로 느껴지다
- **Strike a chord**
  공감하다
- **Touch your heart**
  마음을 건드리다

That movie about the meaning of family made me cry.
가족의 의미를 담은 영화를 보고 울었어.

It must have hit close to home.
가슴 깊이 와닿았나 보네.

어디에서 온 말?

이 표현에서 home은 집이 아닌 마음속 가장 중요한 곳을 가리켜요. 누군가의 이야기나 사건이 내 삶과 닮아서 감정에 쏙 들어올 때 이 표현을 써요. 집을 안전한 곳이라고 생각한 옛날 사람들이 자신의 마음을 집에 빗대어 나타낸 것이에요.

Live and learn
경험하며 배우다

- **Experience is the best teacher**
  경험은 최고의 선생님
- **Learn from mistakes**
  실수에서 배우다

I wish I had brought more comfortable shoes for walking.
걷기 편한 신발을 가져올 걸 그랬어.

Live and learn. Next time you'll know better.
경험하며 배우는 거지. 다음에는 더 잘 준비할 수 있을 거야.

어느 영국 시인이 자신의 희곡에 처음 썼던 표현이에요. 그 뒤로 실수하거나 실패했을 때 "살아 보니 이렇게 배우네"라고 위로하거나 스스로 다짐할 때 자주 쓰는 관용어가 되었어요. 실패나 잘못된 선택도 삶에서 소중한 교훈이 된다는 긍정적인 메시지를 전한답니다.

6
June

Feelings

Adventure of a lifetime
일생일대의 모험

- **A special memory**
  특별한 추억
- **Once in a lifetime**
  일생에 한 번
- **Unforgettable experience**
  잊을 수 없는 경험

살면서 한 번 있을까 말까 한 아주 특별한 경험을 한 적 있나요? 시간이 지나도 결코 잊을 수 없는 경험을 나타낼 때 이 표현을 사용해요. 여행이나 새로운 경험이 누군가에게 큰 영향을 미칠 만큼 의미 있음을 강조하고 있답니다.

This trip has been so amazing.
I've learned so much.
이번 여행 정말 대단했어. 진짜 많은 걸 배웠어.

It really has been an adventure of a lifetime for you.
정말 너한테는 일생일대의 모험이었지.

비슷한 말

- **Dance with joy**
  기뻐서 춤추다
- **Jump for joy**
  뛸 듯이 기쁘다
- **Thrilled to bits**
  매우 기쁜

어디에서 온 말?

영국의 동요 〈Hey Diddle Diddle〉의 구절 "소가 달을 뛰어넘었다"에서 비롯한 표현이에요. 극작가 찰스 몰로이가 연극에서 "기쁨에 달을 뛰어넘겠다!"라고 쓴 뒤로 매우 기쁘다는 의미로 쓰곤 했어요. 문학 작품의 상상이 오늘날 기쁨을 나타내는 표현으로 자리 잡았답니다.

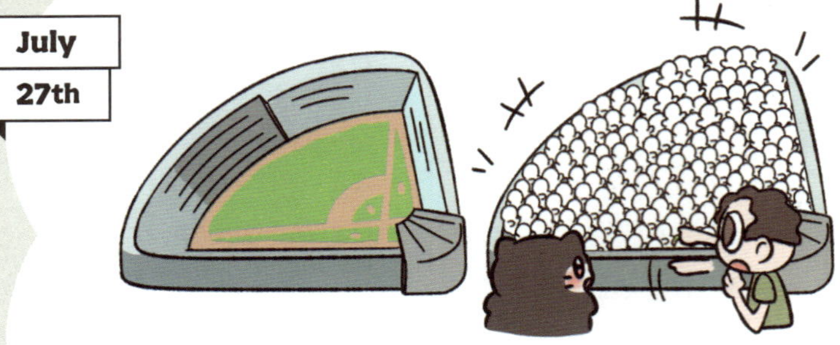

Ballpark figure
대략적인 수치

How many people are coming to the summer festival?
여름 축제에 몇 명 올까?

A **ballpark figure** would be around 300 people.
대략 300명 정도 될 것 같아.

비슷한 말

- **About**
  대략
- **In the ballpark**
  대략 맞는 수치
- **Rough estimate**
  어림잡은 수치

어디에서 온 말?

이 표현은 1960년대 미국에서 야구장의 크기가 대강 비슷하다는 데에서 비롯해 '대충 비슷한 범위의 숫자'라는 뜻으로 발전했어요. 정확한 숫자는 모르지만 이 정도 범위에서 어림짐작할 때 많이 사용하는 관용어랍니다.

On top of the world
세상을 다 가진 기분

비슷한 말

- **Beaming with joy**
  기뻐서 환하게 웃다
- **Flying high**
  높이 날아오르는

어디에서 온 말?

이 표현은 지구의 꼭대기에 서 있다면 세상을 모두 내려다볼 수 있다는 상상에서 비롯했어요. 최고의 기분, 큰 성공을 맛볼 때 쓴답니다.

Ring a bell
들어 본 것 같다

Have you ever heard of the group aespa?
aespa라는 그룹 들어 본 적 있어?

Hmm, that rings a bell, but I can't remember where I heard about them.
음, 들어 본 것 같은데, 어디서였는지 기억이 안 나.

- **Jog your memory**
  기억을 되살리다
- **Remind you of something**
  ~을 떠올리게 하다
- **Sound familiar**
  익숙하게 들리다

어떤 이름이나 이야기를 들었을 때 기억나지 않지만 익숙하게 느껴질 때 쓰는 표현이에요. 벨이 울리면 "아, 맞다!" 하고 떠올리듯 뭔가가 머릿속에서 살짝 건드려 주는 느낌이 있어요. 분명 들어 봤지만 정확한 내용이 생각나지 않을 때 자연스럽게 쓸 수 있답니다.

June
3rd

Walking on air
하늘을 나는 기분

비슷한 말

- **In seventh heaven**
  무아지경인

- **Light as a feather**
  깃털처럼 가벼운

어디에서 온 말?

매우 행복할 때 공중에 둥둥 떠다니는 듯한 느낌이 든다고 하지요? 이 표현은 이런 느낌에서 유래했어요. 기쁨이 너무 커서 공중으로 날아오르는 가벼운 느낌을 떠올려 보세요. 그럼 어떤 관용어인지 이해하기 쉬울 거예요.

Easier said than done
말하기는 쉽지만 실제로는 어렵다

I want to wake up early every day to exercise.
매일 일찍 일어나서 운동하고 싶어.

That sounds great, but it's easier said than done.
좋은 생각인데, 말하기는 쉽지만 실제로는 어려울 거야.

- **In theory vs. in practice**
  이론과 실제의 차이
- **It's harder than it looks**
  보기보다 어렵다
- **Talk is cheap**
  말은 쉽다

약 500년 전부터 쓰여 온, 아주 오래된 표현이에요. 겉보기에는 단순해 보여도 실제로 하려고 하면 생각보다 힘든 일이 많다는 뜻을 담고 있어요. 운동, 공부, 습관 만들기처럼 계획은 쉽고 실천은 어려운 상황에 딱 들어맞는 관용어랍니다.

Happy camper
만족한, 만족한 사람

비슷한 말

- **Content**
  만족스러운
- **Satisfied**
  만족한
- **Pleased**
  기쁜

어디에서 온 말?

1970년대 미국에서는 야영(camping) 참가자가 야영장의 환경·음식·날씨에 만족하면 "Happy camper!"라고 농담처럼 말하곤 했어요. 그 뒤로 이 비유가 널리 퍼졌답니다. 오늘날에는 상황에 만족하고 행복한 사람을 가리키는 표현으로 쓰여요.

The ball is in your court
선택은 네 몫이야

비슷한 말

- **It's up to you**
  너한테 달렸어

- **It's your turn**
  네 차례야

- **Your move**
  네가 움직일 차례

어디에서 온 말?

테니스에서 비롯한 표현이에요. 공이 상대방 코트에 넘어 왔다면 반드시 쳐서 넘겨야 해요. 이처럼 어떤 상황에서 결정을 내리거나 행동해야 할 차례가 상대방에게 있다는 뜻을 담은 표현이랍니다.

Grin from ear to ear
입이 귀에 걸릴 만큼 기쁘다, 활짝 웃다

비슷한 말

- **All smiles**
  얼굴 가득 미소를 짓다
- **Flash a smile**
  환한 미소를 짓다
- **Light up**
  얼굴이 환해지다

어디에서 온 말?

grin은 이를 드러내며 씨익 웃는 미소예요. grin이 있는 이 표현은 실제로 양쪽 귀에 닿을 만큼 입꼬리가 올라간다는 과장에서 비롯했답니다. 얼마나 좋으면 크고 환하게 이를 드러내며 웃는 걸까요?

Too many cooks spoil the broth
사공이 많으면 배가 산으로 간다

비슷한 말

- **Don't make it complicated**
  복잡하게 하지 마라
- **Keep it simple**
  간단하게 하다
- **One leader is better**
  리더 한 명이 낫다

어디에서 온 말?

이 표현은 16세기 영국에서 시작됐어요. 요리사가 많으면 각자 재료를 마음대로 넣어서 오히려 맛이 없어질 수 있다는 뜻이에요. 일할 때 많은 사람이 한꺼번에 나서면 오히려 엉망이 될 수 있다는 걸 잘 알려 준답니다.

Wear your heart on your sleeve
감정을 숨김없이 드러내다

Yujin always shows exactly how she feels.
유진이는 늘 자신의 감정을 그대로 보여 줘.

Yes, she really wears her heart on her sleeve.
맞아, 정말 감정을 숨기지 않지.

비슷한 말

- **Open book**
  솔직한 사람
- **Show true colors**
  본모습을 드러내다

어디에서 온 말?

중세의 기사들은 사랑하는 여인이 준 리본이나 손수건을 소매에 단 채 토너먼트에 나가곤 했어요. 이 표현은 이런 관습에서 비롯했답니다. 잘 보이는 소매에 달고 다닌다니 자신의 감정을 숨기려야 숨길 수 없겠는 걸요?

Two heads are better than one
백지장도 맞들면 낫다

This escape room puzzle is impossible.
이 방 탈출 퍼즐은 너무 어려워.

Two heads are better than one.
백지장도 맞들면 낫다고.

- **Many hands make light work**
  사람이 많으면 일이 쉬워진다
- **Teamwork makes the dream work**
  함께하면 뭐든 할 수 있다

14세기 영국에서 쓰였던 아주 오래된 표현이에요. 두 사람이 같이 고민하면 혼자 생각할 때보다 더 좋은 방법이나 정답을 쉽게 찾을 수 있다는 뜻이지요. 협동의 소중함을 잘 담고 있답니다.

Get something off your chest
속마음을 털어놓다

You've been acting strange lately.
Is something bothering you?
요즘 이상하게 행동하네. 뭔가 신경 쓰이는 일이 있어?

Yes, I need to get something off my chest. Can we talk?
응, 속마음을 털어놓고 싶어. 이야기할 수 있을까?

- **Come clean**
  솔직히 털어놓다
- **Speak your mind**
  속마음을 말하다

가슴에 얹힌 무거운 것을 쏟아 내듯 속마음을 털어놓은 뒤 가벼워진 감정을 비유한 표현이에요. 오랫동안 숨기거나 걱정하던 말을 꺼내 놓은 덕분에 홀가분해지는 심리를 잘 나타냈어요.

Roll with the punches
상황에 맞춰, 잘 대처하다

비슷한 말

- **Adapt**
  적응하다
- **Be flexible**
  유연하게 대처하다
- **It's okay if things change**
  달라져도 괜찮다

어디에서 온 말?

이 표현은 권투에서 비롯했어요. 권투 선수가 상대의 주먹에 맞았을 때 충격을 줄이기 위해 몸을 함께 움직이는(roll) 모습에서 유래했어요. 예상 밖의 일이 생겨도 마음 편하게, 상황에 맞게 바꾸어 가라는 뜻이에요.

Roller coaster of emotions
만감이 교차하다

Today I was happy, then sad,
then excited, then worried.
오늘 행복했다가 슬펐다가 신났다가 걱정됐다가 했어.

Sounds like you're on a **roller coaster of emotions**.
만감이 교차하는 날 같네.

- **Emotional ups and downs**
  감정의 기복

- **Mixed feelings**
  복잡한 감정

- **Mood swings**
  기분 변화

긍정적이고 부정적인 감정이 빠르게 바뀔 때 자주 쓰는 표현이에요. 빠르게 올라갔다가 내려오기를 반복하는 롤러코스터에 감정이 심하게 달라지는 모습을 비유했답니다.

Cross that bridge when you come to it
그때 가서 생각하다

What if we get lost during our trip?
여행 중에 길을 잃으면 어떡하지?

We'll **cross that bridge when we come to it**. Don't worry now.
그건 그때 가서 생각하자. 지금 걱정하지 마.

비슷한 말

- **Don't worry ahead of time**
  미리 걱정하지 않다
- **Don't worry now**
  지금 걱정하지 않다
- **Think later**
  나중에 생각하다

어디에서 온 말?

다리를 건너기도 전에 미리 걱정하지 말라는 이 표현은 아직 일어나지 않은 일을 염려하지 말라는 교훈을 담고 있어요. 미국 자동차 제조업의 아버지인 헨리 포드(Henry Ford)가 "미래의 문제는 미래에 해결하면 된다"라는 사고방식으로 자주 썼던 표현이에요.

Blow hot and cold
변덕이 심하다

Does Tom want to play soccer or not?
톰은 축구를 하고 싶어 하는 거야 안 하고 싶어 하는 거야?

He always blows hot and cold
about everything.
그 애는 뭐든지 항상 변덕이 심해.

- **Change one's mind**
  마음을 바꾸다
- **Wishy-washy**
  우유부단한

이솝 우화에서 비롯한 표현이에요. 한 남자가 추우면 손에 입김을 불어 따뜻하게 하고 뜨거운 수프는 입김을 불어 식혔어요. 차가운 바람과 뜨거운 바람이 나온 남자의 입처럼 이랬다저랬다 변덕스러운 사람을 가리키는 관용어랍니다.

On the ball
기민한, 빈틈없는

How did you remember to bring
an umbrella and snacks?
네가 우산이랑 간식까지 미리 챙겼구나?

I always try to be on the ball
so I don't forget anything.
나 항상 깜빡하지 않으려고 신경 써.

비슷한 말

- **Bug someone**
  귀찮게 하다
- **Get on one's nerves**
  신경에 거슬리다

어디에서 온 말?

누군가를 짜증 나게 하거나 약오르게 한다는 뜻이에요. 옛날 경마장에서는 흥분한 말을 달래려고 염소를 함께 키우곤 했어요. 누군가 이 염소를 훔치면 말이 불안해했다는 데에서 유래한 표현이라고 전해져요. 이 밖에 여러 설이 있는 아주 흥미로운 관용어예요.

In a nutshell
한마디로, 간단히 말하다

Can you explain the movie you watched yesterday?
어제 본 영화 이야기해 줄 수 있어?

In a nutshell, it's about a girl who overcomes her fears.
한마디로, 용기를 내서 두려움을 이긴 소녀의 이야기야.

- **In short**
  간단히 말해서
- **The bottom line is**
  핵심은
- **To sum up**
  요약하면

아주 복잡하거나 길게 설명할 이야기를 요약하고 싶을 때 쓰는 표현이에요. 로마 시대의 문헌과 셰익스피어의 『햄릿』에서도 등장한답니다. "이야기 전체를 작은 견과류 껍데기(nutshell) 안에 넣는다"라는 말에서 유래했어요. 작은 공간에 중요한 내용을 담는다는 뜻으로 발전했지요.

The last straw
더 견딜 수 없는 한계, 마지막 결정타

Dad took away my video games after
I forgot my chores again.
내가 또 집안일을 깜빡해서 아빠가 비디오 게임을 빼앗아 가셨어.

That was probably the last straw for him.
그게 아마 아빠에게는 더 견딜 수 없는 한계였을 거야.

비슷한 말

- **I'm fed up with this**
  정말 지긋지긋해

- **I've had enough**
  이제 그만해

어디에서 온 말?

이 표현은 낙타의 등을 부러트리는 마지막 짚(the last straw that breaks the camel's back)에서 유래했어요. 많은 짚을 진 채 잘 버티다가도 마지막 짚 하나에 휘청일 수 있어요. 이처럼, 작은 일도 계속 쌓이면 참을 수 없다는 뜻이 담겨 있답니다.

Cut to the chase
핵심만 말하다

So first we need to pack, then check the weather, then call a taxi, then….
그러니까 먼저 짐을 싸고, 날씨를 확인하고, 택시를 부르고….

Cut to the chase!
What time do we need to leave?
핵심만 말해! 몇 시에 출발해야 하는 거야?

- **Get to the point**
  요점만 말하다
- **Make it short**
  짧게 말하다
- **Tell me quickly**
  빨리 말하다

1920~30년대 미국의 영화계에서 비롯한 표현이에요. "쫓다"라는 뜻의 chase는 자동차나 사람들이 쫓고 쫓기는 재미난 부분을 가리켜요. 감독들은 지루한 장면은 빼고 이런 추격 장면부터 보여 주자고 "Cut to the chase!"라고 외치곤 했어요. 그 뒤로 "중요한 것만 말해!"라는 뜻이 되었답니다.

Fly off the handle
버럭 화내다

비슷한 말

- **Lose one's temper**
  성질을 부리다

- **See red**
  몹시 화나다

어디에서 온 말?

도끼나 망치의 손잡이(handle)에 붙은 날(axe head)이 갑자기 날아가는 위험한 상황에서 비롯한 표현이에요. 사람이 무언가에 갑자기 감정이 폭발할 때 빗대어 쓰곤 해요.

Why did Mom get so angry when she saw the mess?
엄마가 어수선한 모습을 보고 왜 그렇게 화내셨어?

She flew off the handle because we forgot to clean up again.
우리가 또 정리하는 걸 깜빡해서 버럭하신 거야.

Break new ground
새로운 일에 도전하다, 새로운 시작을 하다

Our school is starting a robotics club for the first time.
우리 학교에 로봇 동아리가 처음으로 생겨.

That's exciting!
You're breaking new ground.
와, 멋지다! 진짜 새로운 거에 도전하네.

비슷한 말

- **Blaze a trail**
  열다
- **Pioneer**
  맨 처음 하다
- **Start something new**
  새로운 것을 시작하다

어디에서 온 말?

집을 처음 지으려고 땅을 파는 일을 break ground라고 해요. 여기에서 발전한 break new ground는 누구도 해 보지 않았던 일을 새로 시작한다는 의미가 되었어요.

Hit the ceiling
화가 머리끝까지 나다

비슷한 말

- **Blow your top**
  분통이 터지다

- **Go through the roof**
  화가 치솟다

어디에서 온 말?

이 표현은 머리가 천장까지 닿을 만큼 펄쩍 뛰며 화낸다는 과장된 비유에서 비롯했어요. 천장을 쳐 버릴 만큼 머리끝까지 화난 적이 있나요? 얼마나 격렬한 감정이면 이토록 생생히 표현할 수 있을까요?

Did you tell your mom about the broken window?
엄마한테 창문 깬 이야기 했어?

Yes, and she hit the ceiling.
응, 그랬더니 화가 머리끝까지 나셨어.

New kid on the block
새로 온 사람, 신입

I don't know anyone in this class.
이 반에 아는 친구가 하나도 없어.

Don't worry, we're all new kids on the block here. Let's be friends.
걱정하지 마, 우리도 다 새로 왔어. 우리 친구 하자.

어디에서 온 말?

block은 미국에서 동네를 뜻하는 단어예요. block이 있는 이 표현은 원래 새로 이사 온 아이를 가리켰다가 색다른 환경에서 아직 적응하지 못한 사람을 가리키게 되었어요. 처음 온 학교, 동아리, 회사 등 어디서든 쓸 수 있답니다.

비슷한 말

- **Feel down**
  울적하다
- **In low spirits**
  기분이 좋지 않은

어디에서 온 말?

영국 해군에는 선장이나 선원이 죽으면 배에 파란 깃발을 거는 관습이 있었어요. 이 표현은 이런 관습에서 비롯했어요. 파란색은 슬픔을 상징했거든요. 그 뒤로 우울하거나 슬플 때는 blue로 표현하게 되었답니다.

어디에서 온 말?

이 표현은 상대방의 말에 강하게 공감할 때 사용해요. "나도 똑같은 경험을 해서 네 기분을 이해해"라는 뜻이에요. 비슷한 경험을 나누며 서로 이해할 때 이 관용어를 쓰면 좋아요.

Down in the dumps
우울한, 기분이 매우 나쁜

Why have you been so quiet lately?
요즘 왜 그렇게 조용해?

I've been down in the dumps
since I failed the test.
시험에 떨어진 후로 계속 우울해.

- **Feel sad**
  슬프다
- **In the doldrums**
  침울해 있는

dump는 쓰레기장이나 우중충한 곳을 가리켜요. dump가 있는 이 표현은 어둡고 축축한 쓰레기장에 처박힌 듯 기분이 가라앉고 우울한 상태를 잘 나타내요.

Bite the bullet
이를 악물고 하다

- **Grit your teeth**
  (이를 물고) 꾹 참다
- **Take the plunge**
  마음먹고 시작하다

옛날 전쟁터에서 군인들은 마취제 없이 수술을 받았어요. 고통을 참으려고 총알(bullet)을 입에 물었다는 데에서 이 표현이 나왔답니다. 지금은 힘든 일이나 무서운 일을 피하지 말고 용기를 내서 끝까지 해내라는 뜻으로 쓰여요.

I'm scared to try bungee jumping,
but I already paid for it.
번지 점프 하려니까 좀 무서워. 근데 이미 돈을 내 버렸어.

Just bite the bullet and do it.
You'll regret it if you don't.
이를 악물고 해 봐. 아니면 나중에 후회할 거야.

Heart sinks
가슴(마음)이 내려앉다

Blow off steam
스트레스를 풀다

My brother hid my earphones again.
동생이 또 내 이어폰을 숨겼어.

Blow off steam by shooting hoops.
농구 하면서 스트레스 풀어.

비슷한 말

- **Cool down**
  진정하다
- **Let off steam**
  화를 풀다
- **Take a break**
  잠깐 쉬다

어디에서 온 말?

증기 기관이 유행하던 19세기에 이 표현이 유래했어요. 증기 기관 차나 공장의 보일러는 터지지 않도록 안에 찬 증기를 빼내며 안전하게 작동시켰어요. 사람도 감정이 쌓여 답답할 때, 좋아하는 활동으로 마음의 열을 식히고 감정을 건강하게 내보내라는 의미로 굳어졌답니다.

Have a heavy heart
마음이 무겁다

- **Feel burdened**
  부담스럽다
- **Weighed down**
  짓눌린

Why do you look so sad today?
오늘 왜 그렇게 슬퍼 보여?

I have a heavy heart because my grandfather is in the hospital.
할아버지가 병원에 계셔서 마음이 무거워.

어디에서 온 말?

슬픔이나 걱정, 죄책감이 심할 때 마음에 무게가 실린 듯 정말 무겁지 않나요? 말할 수 없이 슬플 때면 가슴이 답답하고 무거워지는 느낌에서 이 표현이 생겼어요. 영미권에서 오래전부터 많이 써 왔던 관용어랍니다.

When in Rome,
do as the Romans do
로마에 가면 로마법을 따르라

Should I use a fork at this Italian restaurant?
이 이탈리아 음식점에서 포크를 써야 할까?

**When in Rome,
do as the Romans do**.
로마에 가면 로마법을 따르라고 하잖아.

- **Do as they do**
  그들이 하는 대로 하다
- **Do what they do**
  그들이 하는 것을 하다
- **Respect the culture**
  문화 존중하기

이 표현은 유명한 신학자 성 아우구스티누스(Saint Augustine)가 로마에 방문했을 때 "낯선 곳에서는 그곳의 풍습을 따라야 한다"라고 한 조언에서 유래했어요. 새로운 환경이나 다른 나라에 가면 그곳의 문화를 존중하고 자연스럽게 어울리라는 뜻이에요.

Butterflies in one's stomach
긴장해서 속이 울렁거리다

비슷한 말

- **Feel nervous**
  긴장하다
- **Get the jitters**
  초조해지다

어디에서 온 말?

긴장하거나 불안할 때 뱃속에서 뭔가가 움직이는 느낌이 들어요. 영어권에서는 이 느낌을 "뱃속에 나비가 날아다니는 것 같다"라고 해요. 정말 긴장하면 위장 근육이 오그라들면서 이상한 느낌이 들거든요. 이를 나비의 움직임에 빗댄 재미난 표현이에요.

Fish out of water
물 밖에 나온 물고기,
낯설고 불편한

How do you feel in your new school?
새 학교 다녀 보니까 느낌이 어때?

Like a fish out of water.
Everything is so different here.
물 밖에 나온 물고기 같아. 모든 게 너무 낯설어.

비슷한 말

- **Don't fit in**
  어울리지 않다
- **Feel awkward**
  어색하다
- **Out of place**
  상황에 맞지 않은

어디에서 온 말?

물고기는 물에 살아야 편하고 자유로운 동물이에요. 이 표현은 익숙하지 않은 낯선 곳에서 느끼는 불편한 기분을 잘 나타내요. 아주 오래전부터 쓰인 관용어랍니다.

Get cold feet
겁이 나다, 망설이다

비슷한 말

- **Feel scared**
  무서워하다
- **Have second thoughts**
  다시 생각하다

어디에서 온 말?

무섭거나 긴장하면 실제로 손발이 차가워지는 반응에서 비롯한 표현이에요. 스트레스를 받으면 몸의 피가 잘 돌지 않으면서 발이 차가워지거든요. 두려움 때문에 용기를 잃고 망설이는 마음을 19세기 말부터 이렇게 표현했어요.

Travel light
짐을 줄이다, 가볍게 챙기다

I'm packing three suitcases for our weekend trip.
주말여행을 가는데 가방을 세 개나 싸고 있어.

You should travel light.
Take only what you really need.
짐을 좀 줄여. 꼭 필요한 것만 챙겨 가.

- **Keep it simple**
  단순하게 하다
- **Less is more**
  적을수록 더 낫다
- **Pack light**
  짐을 적게 싸다

"가벼운 짐으로 여행하다"라는 뜻이에요. 욕심을 덜 부려 짐을 적게 챙기면 여행 내내 편하게 다닐 수 있답니다. 필요한 것만 챙겨서 몸도 마음도 가볍게 떠나자는 조언을 담고 있어요. 삶에서도 꼭 필요한 것 위주로 살자는 뜻으로 자주 쓰여요.

Walking on eggshells
(눈치를 보며) 조심스럽게 행동하다

Why are you whispering?
왜 그렇게 작게 말해?

Mom is in a bad mood,
so I'm walking on eggshells.
엄마 기분이 별로셔서 조심스럽게 행동하고 있어.

- **Be careful**
  조심하다
- **Tread lightly**
  신중하게 행동하다

달걀 껍질은 매우 쉽게 부서져요. 그 위를 걷는다면 한 걸음, 한 걸음 신중해야겠지요? 누군가의 기분을 상하게 하거나 상황을 나쁘게 하지 않으려고 말과 행동을 아주 조심하는 상태를 달걀 껍질 위를 걷는 데에 비유한 표현이에요.

Better safe than sorry
나중에 후회하는 것보다
미리 조심하는 게 낫다

Bite my tongue
(말을) 참다

비슷한 말

- **Hold your tongue**
  말을 삼가다
- **Keep quiet**
  조용히 하다

어디에서 온 말?

말하지 않으려고 혀를 깨무는 행동에서 비롯한 표현이에요. 16세기 영문학에도 등장하는 오래된 표현이지요. 감정을 억누르고 하고 싶은 말을 삼킬 때 사용해요. 문제가 생긴 상황에서 참는 모습을 생생하게 보여주는 관용어랍니다.

Your brother just broke your favorite mug!
네 오빠가 네가 가장 좋아하는 머그잔을 깨트렸어!

I saw it, but I'm biting my tongue.
He didn't mean to.
봤어, 하지만 참고 있어. 일부러 한 게 아니니까.

Packed like sardines
꽉 찬, 꽉 끼는

How was the subway ride to the airport?
공항 갈 때 지하철 어땠어?

Terrible! We were packed like sardines. I couldn't even move!
진짜 힘들었어! 사람들로 꽉 차서 꼼짝도 못 했어!

- **Jammed in**
  꽉 막힌
- **Very crowded**
  엄청 붐비는

sardines는 생선 정어리를 뜻해요. 작은 통조림을 열면 안에 빽빽하게 들어찬 정어리들을 볼 수 있어요. 이처럼 사람들이 너무 많아서 서로 바짝 붙어 있는 상황에 이 표현을 써요. 특히 사람들로 꽉 찬 지하철이나 버스 등에서 많이 쓴답니다.

In a pickle
곤경(곤란)에 빠진

My phone died right before the important call.
중요한 통화 직전에 핸드폰이 꺼졌어.

You're **in a pickle** now.
지금 진짜 곤란하겠다.

비슷한 말

- **Get in trouble**
  곤경에 처한
- **In a jam**
  어려운 상황에

어디에서 온 말?

pickle은 오이나 채소를 식초에 절인 음식이에요. 옛날에는 절인 채소처럼 뒤엉켜 꼼짝할 수 없는 상태라는 뜻도 있었어요. 셰익스피어가 쓴 희곡 『템페스트』에서 '곤경'이라는 뜻으로 사용한 뒤 이러지도 저러지도 못하는 어려운 상황을 나타내는 표현으로 굳어졌어요.

Hold your horses
진정하다, 서두르지 않다

Let's pack right now and leave for the trip!
지금 당장 짐 싸서 여행 가자!

Hold your horses! We need to check the weather first.
잠깐, 진정해! 먼저 날씨부터 확인해야지.

비슷한 말

- **Hang on**
  기다리다
- **Slow down**
  천천히 하다
- **Wait a minute**
  잠깐만

어디에서 온 말?

19세기 미국의 서부에서 말을 타고 다니던 사람들이 흥분한 말을 진정시키며 썼던 표현이에요. 지금도 누가 너무 서두르거나 흥분할 때 "조금만 천천히 해"라는 뜻으로 쓰곤 해요.

Go bananas
매우 흥분하다

비슷한 말

- **Get excited**
  흥분하다
- **Go crazy**
  미치다

Did you see how excited Sarah got about the field trip?

사라가 현장 학습 때문에 얼마나 흥분했는지 봤어?

Yeah, she totally went bananas!

응, 완전히 흥분했어!

어디에서 온 말?

1950년대 미국에서 "미친 듯이 흥분하다"라는 속어로 시작한 표현이에요. 바나나를 보고 매우 흥분해서 소리를 지르는 원숭이에게서 비롯했다는 설이 널리 알려져 있지만 속어에서 발전한 표현이랍니다. 기쁠 때나 화날 때 모두 사용할 수 있는 재미있는 관용어예요.

Get away from it all
모든 걸 잊고 쉬다

I'm so tired from studying every day.
매일 공부만 하니까 너무 지친다.

You need to get away from it all
and take a break.
잠깐 모든 걸 잊고 푹 쉬는 게 필요해.

- **Get some fresh air**
  바람 쐬다
- **Take a rest**
  쉬다
- **Take time off**
  쉬는 시간을 갖다

어디에서 온 말?

이 표현에서 it 에은 바쁜 일상, 걱정, 스트레스 등을 가리켜요. 모든 것을 뒤로하고 잠시 쉬고 싶을 때 이 관용어를 쓰면 좋아요. 1950년대 쉴 틈 없이 바쁜 도시 생활에서 휴식이나 여행이 얼마나 중요한지 나타내는 표현으로 미국에서 널리 쓰였어요.

June 24th
Why the long face?
왜 그렇게 슬퍼 보여?

비슷한 말

- **Are you okay?**
  괜찮아?
- **What's wrong?**
  무슨 일이야?
- **Why so glum?**
  왜 그렇게 우울해 보여?

어디에서 온 말?

슬플 때 입꼬리와 눈썹이 아래로 처지며 길어 보이는 얼굴에서 비롯한 표현이에요. 기쁠 때는 얼굴이 둥글고 위로 올라가지만 슬플 때는 아래로 축 처져서 길어 보인다는 시각적 이미지를 잘 나타냈지요.

Why the long face?
왜 그렇게 슬퍼 보여?

My favorite webtoon just ended today.
내가 좋아하던 웹툰이 오늘 완결됐어.

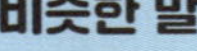

Spread your wings
날갯짓하다, 새로운 도전을 하다

- **Branch out**
  영역을 넓히다
- **Step out**
  나서다, 도전하다
- **Try new things**
  새로운 것을 시도하다

둥지를 떠나 처음 날갯짓하는 새의 모습을 빗댄 표현이에요. 새로운 일이나 환경에 도전할 때 격려하는 의미로 이 관용어를 써요. 독립이나 성장, 새로운 시도를 할 때, 부모가 자녀의 성장을 격려할 때 자주 쓴답니다.

Burst into tears
갑자기 울음을 터트리다

비슷한 말

- **Break down**
  무너져 울다
- **Shed tears**
  눈물을 흘리다

어디에서 온 말?

burst는 "터지다, 폭발하다"라는 뜻이에요. 풍선이 갑자기 펑! 터지듯 참았던 울음이 갑자기 쏟아지는 모습을 잘 나타낸 관용어예요. "burst into laughter(갑자기 웃음을 터트리다)"처럼 다양한 감정 표현에 쓰여요.

Hit the road
출발하다, (길을) 떠나다

어디에서 온 말?

이 표현에서 hit은 "시작하다"라는 뜻이에요. 20세기 미국에서 자동차 여행이 인기를 끌며 생긴 관용어이지요. 도로를 치고 나간다는 건 길을 떠나 여행을 시작한다는 뜻이에요. 여행뿐만 아니라 어딘가로 출발할 때 사용한답니다.

비숫한 말

- **Cry a lot**
  많이 울다
- **Cry hard**
  심하게 울다
- **Weep**
  울다

어디에서 온 말?

글자 그대로 "눈이 빠질 만큼 울다"라는 뜻이에요. 16세기부터 쓰인 이 표현은 더할 수 없는 슬픔이나 감동을 과장스럽게 나타내 줘요.

How did you feel watching that sad movie?
슬픈 영화를 보고 어떤 기분이었어?

I **cried my eyes out**. I went through a whole box of tissues.
펑펑 울었어. 휴지 한 상자를 다 썼어.

Have itchy feet
여행 가고 싶어 근질근질한

Why do you keep looking at travel websites?
왜 자구 여행 사이트만 보고 있어?

I **have itchy feet**. I really want to go somewhere new.
나 여행 생각만 하면 몸이 근질근질해. 정말 어딘가 가고 싶어.

비슷한 말

- **Can't stay still**
  가만히 있지 못하다
- **Travel bug**
  여행에 푹 빠진
- **Wanderlust**
  여행 욕심

어디에서 온 말?

itchy는 '가려운, 근질거리는'이라는 뜻이에요. 20세기 초 미국에서 한곳에 오래 머물지 못하고 계속 다른 곳에 가고 싶어 하는 마음을 무언가를 하고 싶어 근질거리는 발에 비유한 표현이랍니다. 여행뿐만 아니라 새로운 변화를 원할 때도 사용해요.

Put on a brave face
괜찮은 척하다

- **Keep a stiff upper lip**
굳은 의지를 보이다
- **Stay strong**
강하게 버티다

How are you feeling about moving to a new school?
새 학교에 가는데 기분이 어때?

I'm scared, but I'm trying to put on a brave face.
무섭지만, 괜찮은 척하고 있어.

어디에서 온 말?

put on은 "입다, 쓰다"를, brave face는 '용감한 얼굴'을 가리켜요. 용기라는 가면을 얼굴에 쓸 만큼 속으로는 무섭고 걱정스러워도 겉으로는 당당하고 용감한 모습을 한다는 뜻이에요. 다른 사람들을 안심시키거나 약점을 감추고 싶을 때 자주 쓴답니다.

The world is your oyster
온 세상이 네 무대야

- **Anything is possible**
  무엇이든 할 수 있다
- **Dream big**
  큰 꿈을 꿔라
- **Go for it**
  도전해 보다

어디에서 온 말?

이 표현은 셰익스피어가 1597년에 쓴 연극 〈윈저의 즐거운 아내들〉에서 처음 나왔어요. 세상 곳곳에는 노력하면 얻을 수 있는 굴(oyster) 안의 진주 같은 기회가 많다는 뜻이에요. 새로운 도전을 앞두고 친구를 격려할 때 많이 쓴답니다.

Cool as a cucumber
매우 침착한

Aren't you nervous about the big test today?
오늘 큰 시험은 긴장 안 돼?

Not really. I'm cool as a cucumber.
I studied hard.
아니, 하나도 안 떨려. 열심히 준비했으니까.

비슷한 말

- **Don't get nervous**
  긴장하지 마

- **Keep your cool**
  냉정을 유지하다

- **Stay calm**
  침착하게 있다

어디에서 온 말?

오이는 다른 채소들보다 속이 차가워요. 더운 여름에도 오이의 속은 바깥보다 20도나 낮답니다. 18~19세기 영국에서는 침착하고 냉정한 사람을 차가운 오이에 빗대곤 했어요. 떨리는 상황에서도 전혀 흔들리지 않고 차분함을 잘 보여 주는 표현이랍니다.

Trip and Having Fun

Pull yourself together
마음을 추스르다

- **Calm down**
  진정하다
- **Cheer up**
  기운 내다
- **Get a grip**
  정신 차리다

I can't stop crying after my pet fish died.
애완 물고기가 죽어서 눈물이 계속 나.

I understand you're sad, but try to
pull yourself together.
많이 슬프겠지만, 그래도 마음을 추슬러 보자.

pull together는 밧줄 여러 개를 한 방향으로 당겨서 하나로 모은다는 뜻이에요. 밧줄을 당겨 모으듯 감정적으로 흩어진 마음을 하나로 모아서 정리한다는 데에서 비롯한 표현이에요. 슬프거나 당황한 마음을 차분하게 정리하라는 뜻으로 사용해요.

Lighten up
편하게 하다, 가볍게 하다

비슷한 말

- **Don't be so serious**
  그렇게 심각하게 굴지 마

- **Relax**
  긴장을 풀다

- **Take it easy**
  편하게 하다

어디에서 온 말?

light는 "밝다, 가볍다"라는 뜻이에요. light가 있는 이 표현은 무거운 기분을 가볍고 밝게 한다는 뜻이에요. 너무 심각하게 생각하지 말고 편안하고 즐겁게 행동하라는 뜻으로 사용돼요.